Albrecht Behmel

THEMISTOKLES, SIEGER VON SALAMIS UND HERR VON MAGNESIA

DIE ANFÄNGE DER ATHENISCHEN KLASSIK
ZWISCHEN MARATHON UND SALAMIS

ALBRECHT BEHMEL

THEMISTOKLES, SIEGER VON SALAMIS UND HERR VON MAGNESIA

Die Anfänge der Athenischen Klassik
Zwischen Marathon und Salamis

Zweite, erweiterte und verbesserte Auflage

ibidem-Verlag
Stuttgart

Die Deutsche Bibliothek - CIP-Einheitsaufnahme:

Ein Titeldatensatz für diese Publikation ist bei
Der Deutschen Bibliothek erhältlich

∞

Gedruckt auf alterungsbeständigem, säurefreien Papier
Printed on acid-free paper

ISBN: 3-89821-172-X

© *ibidem*-Verlag
Stuttgart 2001
Alle Rechte vorbehalten

Für meine Familie

Inhaltsverzeichnis

1. Einleitung

Ein historisches Ereignis, das die klassische europäische Geschichte entscheidend mitbegründet hat und den gesamten weiteren Weg des Kontinents bestimmte, war der Konflikt der Griechen mit dem persischen Großreich im fünften Jahrhundert vor Christus, als griechische Konföderationen der Aggression des Achaemenidenreiches ein Ende setzten und den Grundstein zur Hegemonie und kulturellen Blüte Athens legten.

Die Seeschlacht von Salamis kann als Beginn der großen Zeit Athens gelten, einer einmaligen Epoche in der Weltgeschichte, von der die Zivilisationen heute noch zehren. Die Kulturen in Christentum, Judentum und Islam haben von den alten Griechen wesentliche Gedanken übernommen und sich deren Errungenschaften auf jeweils verschiedene Art und Weise zu eigen gemacht: Wie kaum eine zweite Kultur hat die Griechische unsere Welt beeinflußt und befruchtet.

Doch diese Schmiede der Zivilisationen mußte erst entstehen und langsam wachsen; dabei gab es selten solche Sprünge, wie es die Seeschlacht von Salamis war, viel häufiger generationenlanges Verändern oder Beharren.

Eine Einzelfigur und ihre Bedeutung im Strom der Ereignisse ausfindig zu machen ist deshalb nicht leicht; vor allem auch dann, wenn wir mit dem Problem konfrontiert sind, daß diese Person keine eigenen Schriftzeugnisse hinterlassen hat, sondern nur in den Texten anderer auftaucht - damals wie heute der Normalfall.

Mit dem umgekehrten Problem haben wir auch hin und wieder zu kämpfen, bei Homer zum Beispiel, über den wir so wenig wissen, daß sogar seine Existenz bestritten worden ist, obwohl der von ihm vorliegende Text einen enormen Umfang hat. Beinahe ebenso der große Andere der alten griechischen Literatur, Hesiod, dieser hat sich in seinem Werk immerhin einmal kurz selbst erwähnt: Er berichtet, daß ihn die göttlichen Musen, nach einer gründlichen Beschimpfung, dazu aufgefordert hätten, die Götter mit edlen Gesängen zu preisen.[1]

Im Fall des Themistokles, dem Sieger von Salamis, gibt es zwar keinen Zweifel daran, daß er tatsächlich gelebt hat, aber viele andere Fragen sind offen und werden es auch bleiben müssen, sofern nicht grundlegend neue Funde gemacht werden. Sein persönliches Leben steht im Schatten eines der großen Ereignisse der Weltgeschich-

---

[1] "Hirten vom Lande, ihr Lumpengesindel und lediglich Bäuche, ..." Theogonia. Zeile 26.

te, das er selber herbeizuführen half, das ihn aber auch an Bedeutung übertrifft: dem Sieg der Griechen bei Salamis und den Aufstieg Athens zur Hegemonie.

Dieser Sieg zur See geht maßgeblich auf das politische Geschick des Themistokles zurück, dessen Tatkraft, Weitsicht und Entschlossenheit schon zu seinen Lebzeiten berühmt waren und selbst von seinen Gegnern anerkannt wurden. Die historische Leistung seiner Tätigkeit als Staatsmann und Stratege besteht darin, die Grundlagen der Größe Athens und der klassischen Zeit geschaffen zu haben. Er ist einer der vielen Weichensteller in der Geschichte, die als Einzelpersonen wichtige Entscheidungen treffen mußten, allein Verantwortung übernehmen und oftmals persönlich dafür bezahlen mußten. Ihr Wirken ist noch Jahrhunderte später zu spüren, auch wenn ihr Name an Prominenz hinter den von ihnen geschaffenen Leistungen zurückbleibt.

Anders nämlich als andere große Befehlshaber von Alexander bis Napoléon Bonaparte war Themistokles kein Held des Schlachtfelds, der aufgrund seiner Erfolge im Krieg zu Ruhm und Macht aufstieg. Sein militärischer Triumph war vielmehr das Resultat planvoller politischer Vorbereitung und einer ausgesprochen effektiven Diplomatie. Ohne Themistokles und dessen panhellenische Politik, deren Sinn es war, die fortwährend untereinander streitenden Griechenstaaten zumindest zeitweise zu einen, hätte es kein Salamis gegeben, und ohne den Sieg über die Perser hätte Europa einen vollkommen anderen historischen und kulturellen Weg einschlagen müssen.

Salamis ist mehr als lediglich ein kriegerischer Sieg der Griechen gewesen; diese Schlacht ist vielmehr zu einem Symbol für Befreiung und siegreichen Kampf gegen bedrohliche Übermacht an sich geworden; das ist unter anderen Aeschylos zu verdanken, dessen Theaterstück "Die Perser" mit seiner langen Geschichte von Aufführungen auch das westliche Vorurteil von der Dekadenz des Orients auszubilden half.[2] Die Briten der Zeit um 1588 n. Chr. sahen darin ein Vorbild ihres erfolgreichen Kampfes gegen die spanische Armada; für Yeates dann stand die Schlacht als Symbol des irisch-republikanischen Aufstandes gegen dieselben, diesmal ihrerseits mit den Persern identifizierten Engländer.[3] Die Griechen des achtzehnten und neun-

---

[2] Allerdings hat schon Montesquieu in dem Sieg der Athener bereits den Grundstock ihres eigenen späteren Niedergangs gesehen, weil er die Bürger hochmütig hatte werden lassen. I. VIII.4 und Aristot. Athen. Pol. 5.4. Vgl. auch David Hume, Essay 5. Of the Balance of Trade. und Hall, 6. über die Konstruktion des westlichen Persienbildes durch die Griechen.

[3] Macintosh, 14.

zehnten Jahrhunderts haben in Salamis ihre politische Identifikation im Kampf gegen das osmanische Reich gefunden.[4]

Der Regisseur Peter Sellars führte das Stück, wie vor ihm Karolos Koun 1965 mit anderer Zielsetzung in Griechenland, nun in den Vereinigten Staaten auf, um das Bombardement Bagdads 1993 so darzustellen, wie die Medien es seiner Ansicht nach nicht zeigten, nämlich aus der Perspektive der Betroffenen und Hinterbliebenen.[5]

Georg Friedrich Händels Oper von 1738 will nicht in dieses Bild einer vielseitig einsetzbaren politischen Metapher passen. Obwohl die Handlung des "Xerxes" um 480 vor Christus spielt, ist doch nicht von den Schlachten und Niederlagen die Rede, sondern von Verlobungs-, Heirats- und Treueproblemen am Hof des Großkönigs. Dennoch aber, wenn auch vom Komponisten nicht so beabsichtigt, zeigt sich hier die durchaus angemessene Perspektive, nämlich daß die Auseinandersetzungen in der Ägäis in der ersten Hälfte des fünften Jahrhunderts das enorme persische Reich eben nur am Rande berührten. Erst Alexander der Große hat es bis ins Mark getroffen.

Die Epoche der Perserkriege markiert einen Wandel in der Geschichte Europas, das haben nicht allein die damaligen Bühnenautoren und Dichter so empfunden. Der Wandel betraf die Zivilisation überhaupt, als sich die Griechenstädte nicht nur gegen die Übermacht des gewaltigen Nachbarn zur Wehr setzten, sondern auch mit Traditionen brachen, die alle anderen Kulturen dieser Zeit noch fesselten: aus Religion und Aberglauben wurde Wissenschaft und Philosophie; ein Schritt, dessen Bedeutung kaum zu überschätzen ist. Der moderne antike Staat entstand in diesen Jahrzehnten des Umbruchs. Das, was wir als "griechische Kultur" bezeichnen, wurde in diesen Jahren vorbereitet, erfochten und schließlich durchgesetzt.

Somit liegt zwischen Miltiades, dem Sieger von Marathon und seinem Sohn Kimon, der als Befehlshaber den ersten attischen Seebund gegen Persien führte und den Verteidigungskrieg in einen Eroberungskrieg verwandelte, mehr als nur ein Generationenwechsel: Athen hatte sich einer grundlegenden Veränderung unterzogen, die ihren architektonischen Ausdruck in den gewaltigen, rasch aufgetürmten Befestigungsanlagen fand, die die Stadt Athen umrundeten und den neuen Hafen Piraeus schützten, wo die neue Flotte der Stadt lag. Dadurch war die Grundlage der unbe-

---

[4] Vgl. die Ode des Dichters Andreas Kalvos. Eis Doxan; und Hall, 1. und Aeschyl. Perser. 402. der Kriegsschrei der Griechen bei Salamis.

[5] Pappenheim. "Was das Fernsehen nicht zeigen kann, das kann die Bühne zeigen."

strittenen Seemacht geschaffen, aber auch die Grundlage eines Handelswesens, das fast die gesamte bekannte Welt umspannte und beflügelte, aber auch in Teilen unterwarf und zerstörte.

Politisch drückte sich das neue Athen vor allem durch die erweiterte Isonomia aus, die Einbeziehung weiter Teile der Bevölkerung in den demokratischen Prozeß, die mit einem starken Machtverlust der alten Elite verbunden war. Der Abschied vom alten Adelsstaat bedeutete aber auch einen Schritt in Richtung griechischer Integration und Kooperation auf einer neuen politischen Ebene. Bisher hatten Herrscherfamilien mit ihren Verbindungen und Heiraten für Politik gesorgt, aber nun kooperierten freie Bürgerschaften auf nationaler Ebene miteinander. Nicht mehr allein Blutsverwandtschaft und Wahl aus einem mehr oder minder kleinen elitären Zirkel bestimmten die Verantwortlichen des Staates, sondern eine politisch emanzipierte Bürgerschaft übernahm mehr und mehr die Lenkung des Gemeinwesens. Allerdings tat sie das ohne die beständigen Begleiter aller griechischen Politik, die Korruption, den Hang zum Extremen und den Parteienhaß ausschalten zu können. Die griechische Polis verlor, oder verstieß sogar das althergebrachte Maßhalten und die spartanische Beständigkeit und handelte sich dafür Dynamik, mehr Politik und Offenheit ein, mit allen Vor- und Nachteilen. Ein wesentlicher Schritt in der Entwicklung des modernen Staats war getan.

Eine der Hauptfiguren in dieser Geschichte war Themistokles, der Sohn des Neokleos aus dem Demos Phrearrioi.

Mit der vorliegenden Biographie sollen auch die Quellen deutlich zu Wort kommen, wobei nicht immer zwischen Anekdote und Tatsachenbericht klar unterschieden werden kann, da Anekdoten ja auch auf Tatsachen des Charakters einer Person verweisen und ihn darstellen können, auch wenn sie nicht tatsächlich begründet sein mögen. Aus diesem Grund wurde eine Reihe von Einzelheiten in die Biographie aufgenommen, die in einer personen-unabhängigen Darstellung der Epoche sicherlich keinen Platz gefunden hätten.

Ein Privileg der Gattung Biographie besteht darin, daß sie sich den Anekdoten und Geschichten rund um die Hauptperson in einem Maß widmen darf, das anderen wissenschaftlichen Gattungen verwehrt ist. Da die Kolportagen Plutarchs etwa, die geradezu böswilligen Anspielungen bei Herodot und die Charakterisierungen bei Thukydides zur Weltliteratur gehören, wurden sie weiträumig berücksichtigt, nicht zuletzt deshalb, weil es auch dem antiken Weltbild entspricht, anthropozentrisch in Persönlichkeiten und deren Eigenarten zu denken.

2. Zu den Quellen

Unter dem Boden der Erde, da lodern viele Feuer[6]

Unsere Hauptquelle der sowohl für die Zeitgenossen, als auch für den Forscher unsicheren Zeit der griechisch-persischen Konflikte ist Herodots "Historia", die in neun, nach den Musen benannte Bücher gegliedert ist. Diesem Text gegenüber kann man allerdings mit Recht mißtrauisch sein, schon in der Antike selber wurde Herodot vorgeworfen, die Wahrheit zugunsten von Aspekten der Dramatik und einer allzu systematisierten Weltsicht beträchtlich vernachlässigt zu haben.[7] Vor allem Plutarch hat ihm seine Parteinahme für die propersischen Böotier nie verziehen. Ferner hat ihm Plutarch vorgeworfen, selber ein Perserfreund gewesen zu sein. Andere sahen in seinem Geschichtswerk lediglich einen Haufen Lügen und Übertreibungen.[8]

Dieser Punkt aber kann nur aus der historischen Perspektive gerecht verstanden werden, die sich aus der zunehmenden Ideologisierung der Perserkriege heraus ergab. Zu Beginn der Auseinandersetzungen etwa in der Zeit um den ionischen Aufstand, aber auch noch zu Lebzeiten des Herodot hatte der Begriff "Medismos", Propersertum, keine weitere politische Relevanz, es war eine von vielen denkbaren und moralisch vertretbaren politischen Richtungen. Erst später konnten mißliebige Gegner unter dieser Anklage vor Gericht gestellt und als Hochverräter sogar verbannt werden.

Herodots Anliegen, die Geschichte der Perserkriege aus einer homerischen Sichtweise darzustellen, also die den Menschen angemessene Rolle in einer Welt der Götter zu beschreiben, wurde von seiner aufgeklärteren Nachwelt ungünstig aufgenommen, die in der Geschichte der Menschen, also der Griechen, wenig Göttliches, dafür um so mehr Verabscheuungswürdiges oder Banales erkannten.

Cicero, der Römer, hat anders als Plutarch, der Grieche, geurteilt: Für ihn war Herodot der Vater der Historiographie, dessen Beschreibungen bislang unerreichte Detailfülle boten. Gerade diese Vielfalt aber macht dem modernen Forscher oft Kopfzerbrechen, vor allem dann, wenn Herodot Zahlen nennt. Der Gerechtigkeit halber muß jedoch erwähnt werden, daß dem Erzähler Herodot keine schriftlichen Quellen vorlagen; er mußte oder wollte sich auf das verlassen, was man ihm erzählte und was

---

[6] Empedokles. 30

[7] Aristot. Poet. 23; Cicero Leg. 1.1.5. Div. 2.116; Joseph. Ap. 1.3; Plut. De malignitate Herodoti. Aber auch nur dem Titel nach bekannte Schriften: Manethos "Gegen Herodotos" und Valerius Pollio "Über Herodots Diebstahl".

[8] Vgl. Diodor. Fragment 24.1. Über Herodot: Wundergeschichten setzen sich in der Regel gegen wahre Berichte durch.

er selbst aufzuspüren in der Lage war. Auf der Suche nach neuen, unbekannten mündlichen Überlieferungen legte Herodot enorme Strecken zurück.[9] Herodot gleicht daher eher einem Reporter, der eigene Recherche und Berichte anderer untrennbar vermengt und gleichzeitig präsentiert, als einem Historiker, der versucht, die verschiedenen Stränge von Ereignissen zu trennen und einzeln zu untersuchen und darzustellen.

Seine Schriften können folglich am besten im Kontext der ionischen Erzähltradition verstanden werden, deren Anliegen es hauptsächlich war, Ereignisse vor dem Vergessen zu bewahren und in ein religiöses Weltbild einzupassen. So ist es auch zu verstehen, daß in Herodots "Geschichte" Träume, Orakelsprüche, Vorwarnungen und das Schicksal bedeutende Rollen spielen, etwa, wenn der persische Hochmut, die ganze Welt beherrschen zu wollen nach übersinnlichen Warnungen, seine gerechte Bestrafung findet. Das schriftstellerische Hauptanliegen Herodots mag tatsächlich in der Schilderung der gerechten Strafe für die persische Hybris, das Streben nach einer den Menschen nicht angemessenen Herrschaft liegen. Herodots Werk ist deshalb geistesgeschichtlich noch sehr weit von der aufgeklärten Klarheit eines Thukydides entfernt.

Thukydides' Werk betrifft hauptsächlich die Epoche, die sich den Perserkriegen unmittelbar anschließt. Aber es gehört zu Thukydides' Maximen, nach den Ursachen historischer Ereignisse zu forschen, und sich nicht mit der Beschreibung der bloßen Anlässe zu begnügen, deshalb muß seine Darstellung auch die Vorgeschichte des Peloponnesischen Krieges, den er als Zeitgenosse miterlebt und mitgekämpft hat, berücksichtigen.

Nüchtern und geistvoll sucht er hinter den konkreten Abläufen der Politik nach allgemeinen Grundsätzen, so wie Hippokrates zur gleichen Zeit Krankheiten und ihre Symptome untersuchte. Er führte die Zeitrechnung nach Sonnenjahren ein und bestimmt den Stil historischer Darstellung bis in unsere Epoche hinein. Sallust, Tacitus und Brutus haben ihn hochgeschätzt. In Byzanz hat man ihn ebenso gelesen, wie am Hof Karls V. allerdings in der lateinischen Übersetzung Lorenzo Vallas. Der britische Philosoph Thomas Hobbes hat die Geschichte des Peloponnesischen Krieges 1628 mit eigenen Hintergedanken übersetzt, damit die englische Krone aus den Fehlern der Griechen lernen sollte.

---

[9] Er besuchte das ägyptische Theben, Kyrene und Syene; kam bis in das persische Susa, wo er die Bauten seiner Landsleute bewundern konnte (Phrynichos), er bereiste Sizilien, Unteritalien, die westliche Schwarzmeerküste bis nach

Das Werk des Thukydides ist Fragment geblieben. Mitten im Satz bricht diese Hauptquelle, die Geschichte des Peloponnesischen Krieges, einfach ab.[10] Die Abschnitte über die Vorgeschichte und die Größe des Krieges sind für die Zeit des Themistokles die wichtigsten Stellen.[11] Im Vergleich zum Rest des Werkes eine eher überschaubare Menge an Informationen. Das an sich enorme Geschichtswerk des Thukydides ist für die Erforschung der Perserkriege also nur eine relativ kleine Quelle - leider. Im Zentrum seiner Aufmerksamkeit steht die weiträumige Entwicklung historischer Tendenzen, die Untersuchung von Kausalitäten und die Demaskierung von Vorwänden, um die politischen Interessen der Akteure aufzuspüren, weniger aber der einzelne Mensch, so daß wir über den Charakter der Akteure oft im Unklaren bleiben müssen. Auch sich selbst hat er, der ja Akteur des Krieges war, nach dieser Maxime behandelt. Seine eigene Verbannung schildert er in der dritten Person, wie unbeteiligt. Xenophon und Caesar haben diesen Stil später für sich übernommen.

Ein antiker Schriftsteller vor allen anderen hat dem - keineswegs nur modernen - Bedürfnis nach mehr Information über den persönliche, psychologischen, oder sogar familiären Teil der Geschichte weite Teile seines Werks gewidmet, Plutarch aus Chaironeia (46-102 n. Chr.). Durch ihn sind wir über eine Seite der Geschichte informiert, die häufig im Dunkeln bleibt, wenn von großen Entwicklungen, Schlachten und Reichsgründungen die Rede ist, nämlich, daß einzelne Menschen hinter diesen Entwicklungen standen, sie aufzuhalten versuchten, unter ihnen litten oder davon profitierten. Wie diese Menschen nun mit ihrem Schicksal umzugehen wußten, hat sich der Biograph zu beschreiben als Aufgabe gewählt, zu welchem Zweck Plutarch das Genre der Doppelbiographie erfand. Er verglich in 23 Doppelschriften berühmte Griechen und berühmte Römer miteinander, von denen er dachte, daß ihre Lebensläufe Gemeinsamkeiten aufwiesen. Themistokles stellte er neben Marcus Furius Camillus (gest. 365), den Eroberer von Veji, Militärtribun und gewählten Diktator, der die Etrusker besiegte und als zweiter Gründer Roms galt.
Ferner legte Plutarch eine umfangreiche Zitaten- und Anekdotensammlung an, die in seinem Werk, als "Moralia", bekannt wurden und vor allem Autoren der Renaissance

---

Olbia, die gesamte Ägäis und das östliche Mittelmeer.
[10] Landmann, 10. Einleitung zu Thukydides.
[11] Alle Zitate aus Thukydides sind der Übersetzung von Landmann, G.P. entnommen.

und der Aufklärung, zum Beispiel Montaigne und Francis Bacon literarisch beein-flußten.

Xenophons "Cyropaideia", eine Nebenquelle, ist im Grunde ein eher fiktiver Roman über das Leben Kyros' des Großen mit stark romantischen und gesellschaftspoliti-schen Zügen; eine Schrift, die eher als politisches Lehrbuch gedacht sein mag: Ma-chiavelli etwa sah sich durch diesen Text geprägt. Es mag ferner sein, daß das gän-gige Vorurteil gegenüber dem persischen Reich als dekadente, korrupte und aggres-sive Großmacht und vor allem als Urbild des orientalischen Despotismus hauptsäch-lich auf Xenophons "Cyropaideia", sowie dem Stück des Aeschylos fußt.[12]

Dieses Drama des Aeschylos', "die Perser", stellt ebenfalls eine problematische, weil unverhohlen tendenziöse Quelle dar. Auch hier sehen wir die persische Hybris ihrer gerechten Bestrafung entgegengeführt - sozusagen ganz im erzählerischen Sinne He-rodots, allerdings aus der Perspektive der Unterlegenen. Der geschlagene König Xerxes kehrt nach der Niederlage heim, wo er nun der Königin Bericht erstatten muß, die aber bereits bestens informiert ist, weil sie den Geist des toten Dareios be-schworen und schon einen Boten empfangen hatte.[13]

472, knapp siebeneinhalb Jahre nach Salamis im berühmten Theater des Dionysos von Athen erstaufgeführt, hat das Drama eine bedeutende historische Nähe zu den dargestellten Ereignissen. Ein wertvoller Aspekt ist die Liste der königlichen Ab-stammungen.[14] Phrynichos "Perserinnen" aus dem Jahr 476 beschreiben die Nieder-lage der Perser bei Salamis ebenfalls und werden ein Vorbild der berühmteren "Per-ser" des Aeschylos gewesen sein.

Der Sage nach starb der Marathonveteran Aeschylos, der über 80 Stücke verfaßt ha-ben soll, von denen aber nur 7 erhalten sind, in Sizilien bei einem Unfall, als näm-lich ein Adler eine Schildkröte auf seinen Kopf fallen ließ, wie Plutarch uns mitteilt. Er gilt als der eigentliche Begründer der attischen Tragödie, deren Themen "Schuld", "Hybris" und "Bestrafung" die Zeitgenossen auch in den wirklichen Er-eignissen der Politik wiedererkannten.

Ein unbekannter Schriftsteller des zweiten Jahrhunderts nach Christus hat schließlich die sogenannten "Briefe des Themistokles" verfaßt. Es handelt sich dabei um ausge-schmückte und anschauliche Berichte, die sich aber größtenteils auf Plutarch und die

---

12 Tatum, 5. 31. Balcer 29. zum Sieg der Freiheit über die Tyrannei.
13 Vgl. Hall, 3. für eine elegante und gründliche Darstellung.
14 Zeilen 765-80.

übrigen bekannten Quellen stützen, so daß den "Epistulae" kaum eigener Zeugniswert zukommt, außer vielleicht dadurch, daß sie uns daran erinnern, daß historische Ereignisse von historischen Personen aus der Ich-Perspektive erlebt werden und nicht, wie wir es zu lesen gewohnt sind, aus der neutralen, sicheren Warte eines unbeteiligten Beobachters in der dritten Person.

Es wurde deshalb darauf verzichtet, die sogenannten "Briefe des Themistokles" in die vorliegende Darstellung mit aufzunehmen. Allein aus philologischer Sicht wäre es reizvoll, die nachempfundene Perspektive des Helden zu untersuchen und mit den Evidenzen der handfesten Quellenzu vergleichen. Ein solcher Vergleich könnte uns über das derzeitige Bild des Themistokles Aufschluß geben, wie es in der literarischen Öffentlichkeit des zweiten Jahrhunderts unserer Zeit vorherrschte. Ebenfalls wäre es reizvoll, den Prozeß der nationalen Verklärung nachzuzeichnen, wie ihn alle historischen Figuren durchlaufen.

3. Die Lykomiden - Kindheit und Erziehung

Ich kam nach Athen und kein Mensch hat mich gekannt[15]

Anders als etwa Kimon, der Sohn des Miltiades,[16] oder Kleisthenes, der Sohn des Megakles, entstammte Themistokles nicht einem mächtigen und einflußreichen Geschlecht Athens. Seine Herkunft sei "zu dunkel", um ihm zur Ehre zu gereichen, berichtet Plutarch.[17] Das kann dreierlei bedeuten:
Erstens, daß die Familie bis zu Themistokles Aufstieg tatsächlich ganz unbekannt und unbedeutend gewesen ist, oder aber zweitens, daß Plutarch über keine wesentlichen Informationen verfügte, sondern nur wußte, daß diese Familie nicht zu den ersten Häusern der Stadt zählte. Die dritte Möglichkeit ist die interessanteste, nämlich, daß diese Familie, ebenso wie die Familie der Gephyraioi, tyrannenfeindlich gesonnen war[18] und aus diesem Grund unter der Herrschaft der Peisistratiden keine Rolle gespielt hat, vielmehr in der Provinz auf andere, bessere Zeiten gehofft haben mag. Die spätere demokratische Ausrichtung des Themistokles stünde mit dieser Auslegung in Einklang.

Diese Familie nannte sich Lykomiden, und zwei ihrer Linien sind bekannt, eine ältere und eine jüngere.
Wir wissen, daß Neokleos[19], der Vater des Themistokles, zur Bürgerschaft von Phrearri und zum Stamm der Lykomiden der jüngeren Linie gerechnet wurde,[20] die ihren Stammsitz in Phlya hatten, genauer gesagt etwa 40 km vor Phlya. Neokleos soll, aus welchen Gründen auch immer, einige Zeit in Argos (wo auch später einmal Themistokles Zuflucht suchen und finden sollte) verbracht haben und ein "homo generosus" gewesen sein, wie Nepos es lateinisch formuliert.[21]

---

[15] Demokrit 2

[16] Plut. Kim. 4. 2. Er soll ebenso wie Themistokles unmusikalisch gewesen sein, aber überdies noch keine Redebegabung gehabt haben.

[17] Plut. Them. 1. Themistokles Geburt fällt mit einiger Wahrscheinlichkeit in das Jahr 524, siehe weiter unten für Datierungen. Papastavrou, 13.

[18] Davies, 212.

[19] der ebenfalls, wie sein Sohn später, eine Zeit in Argos zubrachte. Sehr interessant ist die Erklärung in Davies 'Athenian Families', 212, für die geringe politische Bedeutung der Familie mit 'Zurückhaltung während der gegenwärtigen peisistratidischen Tyrannenherrschaft', was durchaus mit Themistokles politischer Richtung zu vereinbaren wäre. Den Hinweis auf die Bedeutung des Namens 'Neuer Ruhm' gibt Podlecki, 3, er lege nahe, daß es sich nicht um alte Landaristokratie handelt.

[20] Also Athener war. Aristot. Athen. Pol. 21. Plut. Them. 1.

[21] Nepos. Them. I. 2. Rhodes, 279. über das Haus des Neokles in Athen.

Das ist ein wertvoller Hinweis, denn nur wohlhabende Männer konnten "generosus" sein und auf diese Weise Anhänger, Klientel, gewinnen oder Liturgien wie etwa eine Choregie übernehmen.

Die Lykomiden, als große Familie hatten nun aber durchaus einen Namen. Es ist deshalb wahrscheinlich, daß Neokleos, und damit auch Themistokles, zwar zu den jüngeren Lykomiden gehörte, aber dort wiederum nur zu einem weniger wichtigen oder exponierten Zweig.

Das Geburtsdatum des Themistokles pflegt man in das Jahr 524 zu verlegen, was den spätesten Termin darstellt, denn ein Archont mußte dreißig Jahre zählen. So ergibt sich aus dem Archontenjahr 493, das wir sicher haben, die spätest mögliche Geburtsangabe.

Ganz ohne Wohlstand und Ansehen kann die Familie die Neokleos eben aus dem Grund nicht gewesen sein, daß Themistokles Chorege und Archont wurde.[22] Er soll seine politische Karriere mit nur 3 Silbertalenten begonnen haben, gegen Ende, als sein Vermögen von den Athenern beschlagnahmt wurde, sollen es dann über hundert gewesen sein.[23] Man kann mit einiger Sicherheit annehmen, daß Themistokles den Status eines Ritters gehabt haben mag, also der zweiten Vermögensklasse angehörte und als "homo novus" die politische Bühne Athens betrat.[24]

Wir wissen, daß er in seiner Jugend wild gelebt hat, was auch damals kostspielig gewesen sein wird, nicht so kostspielig jedoch wie zielstrebiges, politisches Leben, mit allen Verpflichtungen, sozialer, religiöser und korrupter Art, denn nur wer sich "generosus" gab, konnte einen Stamm von Anhängern aufbauen, ohne die kein politischer Erfolg möglich war: Es ist denkbar, daß er Teile seines Erbes verkaufen mußte, um sich das aufwendige Leben in Athen leisten zu können. Ein Stück Land, von dem es interessant wäre zu wissen, wo es lag und wie groß es war, soll er zum Verkauf angeboten haben, mit dem Anreiz, daß es außerdem einen guten Nachbarn

---

[22] Nur Bürger, deren Vermögen über einer bestimmten Grenze lag, wurden zu solchen Liturgien herangezogen. Für alle Staatsfeste an denen Chorwettkämpfe abgehalten wurden, sind seit kleisthenischer Zeit Choregen bekannt. Die Kosten konnten bis zu 5.000 Drachmen betragen. Manchmal wurden, wie bei anderen Liturgien auch, Syntelien zugelassen, bei denen mehrere einzelne Bürger die Kosten, aber auch die Ehre teilten. Die Person des Choregen war am Festtag ebenso heilig, wie die der Vortragenden. Im Falle eines Sieges wurde der Chorege in Purpur gekleidet und bekränzt.

[23] Ein Talent war ein länglich runder Barren, ursprünglich vielleicht das Wertäquivalent eines Stiers. Die Maße waren keineswegs einheitlich: ein solonisches Talent wog 26,79 kg und ein mesopotamisches 30,12 kg. (Vgl. Herodot. 3. 89.2: 502 Gramm.)

[24] Demosthenes 23. 207. "Erbe eines bescheidenen Hauses" und Plut. Themistokles, 22.2. Rhodes, 279.

habe.[25] Alles in allem jedoch sind wir auf Spekulationen angewiesen, wenn es um die Herkunft und die Stellung seiner Familie geht.

Auch über seine Mutter finden wir widersprüchliche Angaben in Plutarchs Biographie: einmal, daß sie Abrotonon hieß und aus Thrakien gebürtig gewesen sei und von niederem Stand war. Dann, als zweite Möglichkeit, wie Plutarch Phanias, einen Schüler des Aristoteles zitiert: aus Karien, mit dem Namen Euterpe, und nicht Abrotonon; sie soll aus Kummer über die wilde Jugend ihres Sohnes früh gestorben sein.

Plutarch gibt uns noch eine weitere Information, nämlich, daß sie (wie Neanthes von Kyzikos berichtet) möglicherweise aus Halikarnassos in Karien kam, der Stadt Herodots. Jedenfalls scheint sie keine Athenerin gewesen zu sein, was Schachermeyr zu dem Schluß bringt, daß das Lykomidengeschlecht auf Vornehmheit hielt, denn panhellenische Heiraten galten als Privileg des Adels.[26] Mit Sicherheit läßt sich das jedoch nicht sagen, auch über einen Onkel, einen Bruder seines Vaters, wissen wir nur den Namen, auch er hieß Themistokles. Vollkommen ohne Bedeutung[27] war seine Familie sicher nicht, wie wir später bei Plutarch lesen, wo es ganz im Gegensatz zur ersten Erwähnung heißt, er gehöre zum Geschlecht der Lykomiden, einem wohlhabenden aristokratischen Geschlecht, das größere Ländereien im Gebiet von Sunion und im Gebiet der Phlyasier besaß. Solche Kehrtwendungen sind durchaus typisch für Plutarch, dessen Bestreben, alle Facetten aufzuzeichnen, widersprüchliche Angaben ohne weiteres in Kauf nimmt.

Wie auch immer nun die Familienursprünge liegen mögen, Themistokles gehörte nicht zu den ersten Privilegierten in Athen. Deshalb konnte er als junger Mann seine gymnastische Ausbildung nicht innerhalb der Stadt absolvieren, sondern mußte mit den unehelichen Söhnen und Kindern der Halbbürger, also der halb-athenisch-

---

[25] Plut. Mor. Them. 12. und Plut. Them. 28. Die Übersetzung von "chorion" kann von Acker bis Landgut reichen. Aber wenn Themistokles mit dem guten Nachbarn sich selbst gemeint hat, ist vielleicht eher von einem kleineren Grundstück auszugehen. "Zur Korruption im Altertum" vgl. Schuller, 19. Beitrag Hahn : "Themistokles soll gesagt haben, daß er nur dafür eine Bestechung annehme, was er auch ohne Bestechung im Interesse des Vaterlandes getan hätte."

[26] Schachermeyr, Sieger, 38. Themistokles' Geburtsjahr wird hier mit 530 angegeben. Schachermeyr spricht von einer besonderen "Strahlkraft", die sich schon in der Jugend gezeigt haben soll. Plut. Them. 22.3. Phrasikles hat eventuell seine Cousine, Themistokles' Tochter Nikomache geheiratet. Vgl. den Stammbaum. In Plutarchs Vita des Themistokles wird ein Neffe namens Phrasikles erwähnt, was den Schluß nahelegt, daß Themistokles Geschwister, vermutlich einen Bruder, hatte.

[27] Papastavrou, 13.

stämmigen Bürger, auf einem dem Herakles[28] geweihten Platz von Kynosarges vor den Toren der Stadt trainieren.[29] Auf genau diesem Platz sollte viele Jahre später das griechische Heer nach dem Sieg von Marathon lagern.

Die aus der Außenseiterrolle resultierende soziale Benachteiligung[30] wußte Themistokles abzumildern, indem er Söhne der Stadtaristokratie dazu überredete, mit ihm vor den Stadtmauern zu trainieren. Auf diese Weise gewann er eine akzeptable Kameradschaft ohne in die exklusiven Bereiche der Athenischen Erziehung, die ihm verschlossen waren, unrechtmäßig eindringen zu müssen. Er soll geistig rege, auffassungsschnell und ehrgeizig gewesen sein, so daß einer seiner Lehrer ihm Größe prophezeite, im Guten oder auch im Bösen.

Sunion wird, wie Kynosarges, ebenfalls noch eine Rolle spielen, wenn auch eine weniger symbolische. Die Ausbeute der Silberminen am Kap von Sunion nämlich ermöglichte den Aufbau der Athener Flotte im großen Stil. Ob die Silbervorkommen neu erschlossen wurden, oder ob eine bereits vorhandene Minenwirtschaft lediglich durch vermehrten Sklaveneinsatz ausgeweitet wurde, ist fraglich. Ohne den Zuwachs dieser Geldmittel jedenfalls hätte es keine Athener Flotte gegeben.

Der Familie des Themistokles unterstand auch die Aufsicht über das Heiligtum des erdgeborenen Heroen Phlyos und des orgiastischen Kultes des Apollon Daphnephoros, dem enttäuschten Entführer der Bergnymphe Daphne,[31] die der Gott auf einem seiner Liebesabenteuer erblickte und zu verfolgen begann; aber bevor er sie erreichen konnte, rief die Nymphe ihre Mutter Gaia, die Erde, um Hilfe. Daphne wurde gerettet nach Kreta hinübergezaubert, wo man sie als Pasiphaë verehrte. Dem enttäuschten Apoll blieb an der Stelle, wo eben noch Daphne gewesen war, nur ein Lorbeerstrauch, aus dessen Zweigen sich der Gott nachdenklich einen Kranz flocht und der seit diesem Tag als dem Apoll geweiht gilt. Die berühmte Plastik des Giovanni Lorenzo Bernini zeigt den Moment der größten Enttäuschung.[32]

---

[28] der entsprechend nur ein *Halb*gott war. Möglicherweise handelt es sich hier um einen Anachronismus, ein Mißverständnis über das perikleische Bürgergesetz.

[29] Plut. Them. 1.

[30] Lenardon, 19 schlägt den Kompromiss vor, daß Themistokles' Familie zwar von Adel, aber doch ohne jede politische Bedeutung gewesen war. (Er entstammte also wohl dem unbedeutenderen Zweig der Familie) So ließe sich die widersprüchliche Bemerkung erklären, nach der der Ursprung zwar dunkel, die Familie aber nicht ohne Wohlstand gewesen sei. Siehe auch Green, 24. für die ehelichen und verwandtschaftlichen Beziehungen der führenden Familien Athens: "the men who actually wielded power in Athens (...) More often than not came from about half a dozen intermarrying families - in that sense Themistokles *was* an outsider."

[31] Berve, Kräfte, 21 Plut. Agis 9 und Apollodoros I. 7.9.

[32] Apollo und Daphne. 1622-25. Marmor, Galleria Borghese in Rom, Inv. Nr.CV. Vgl. Riedl, P.A.

Nach ihrer doppelten Zerstörung während der Invasion durch die Perser ließ Themistokles diese Heiligtümer wieder prachtvoll neu errichten.[33] Ferner ist es möglich, daß die Lykomiden enge Beziehungen zum delphischen Orakel unterhielten, worauf auch Themistokles' Name hinweisen könnte, wenn man an den Beinamen der Apollpriesterin Pythia 'Themistokleia' denkt. "Ruhm der gesetzlichen Ordnung (Themis)" bedeutet sein Name.[34]

Ein weiteres Indiz für engen Kontakt könnte, aber davon wird noch die Rede sein, der zweite Orakelspruch der Pythia vor Salamis sein, der geradezu hervorragend zu den Plänen des Themistokles paßte - oder vielleicht traf die *Deutung* des Spruches, die Themistokles ja dann selber lieferte, lediglich geschickt das Notwendige. Orakelsprüche pflegten gegen Entgelt ausgehändigt zu werden; je umfangreicher ein Spruch sein sollte, desto mehr ließ man ihn sich kosten. Je kürzer die Antwort war, desto billiger wurde es. Am günstigsten war folglich eine einfache Zustimmung oder eine ablehnende Antwort auf eine entsprechend gestellte Frage. Die tägliche Arbeit im Orakel wird hauptsächlich aus solchen Prophezeiungen bestanden haben, wesentlich seltener waren Orakelsprüche der von Herodot überlieferten Länge, ein Privatmann konnte sich dergleichen kaum leisten.

Die delphischen Sprüche der Gottheit Apollon waren berühmt und von hoher Qualität, wenn auch nicht von großer Klarheit, weshalb Delphi zu den reichsten Orakeln der antiken Welt gehörte, wie die zahlreichen Schatzhäuser heute noch zeigen, die von jeweils verschiedenen Bürgerschaften in oder bei Delphi unterhalten wurden. Guter Kontakt zu solchen Orakelstellen zahlte sich politisch immer bestens aus.

Das normale Leben war trotz aller beginnenden Aufklärung durchaus von Religion durchdrungen, jede Sitte, die meisten Gebrauchsgegenstände, sogar das Alphabet waren auf Begebenheiten in der Mythologie zurückzuführen. Der Glaube, oder zumindest die ständige Erinnerung an die Welt der Götter stellte einen wesentlichen Anteil im Leben des Einzelnen dar - von Kindheit an. Auch wenn die griechische Aufklärung, beginnend mit den ionischen Naturphilosophen endend mit den Akademikern, den Götterglauben gründlich unterminierte: die Kultur und nicht zuletzt die Demagogie bedienten sich der alten Inhalte umso mehr.

---

[33] Plut. Them. 1.4.

[34] Die Göttin Themis ist die Tochter des Uranos und der Erdmutter Gaia und Gemahlin des Zeus. Sie ist Patronin der gesetzlichen Ordnung, der guten Sitten und Gebräuche und Schutzherrin des Rechts.

Doch auch andere prägende Einflüsse gab es. Erziehung war wie kaum eine zweite Angelegenheit des Lebens Statussymbol und Kapital, vor allem da die Politik jener Zeit hauptsächlich auf der freien Rede vor der Versammlung beruhte.

Das Erziehungsideal der griechischen Elite kann auf zwei Begriffe gebracht werden: Einmal auf den der Kalokagathia, (das Schöne und Gute) und dann auf den Begriff des Wettstreits, des Agonalen.

Auch wenn die Philosophen bereits über wesentlich differenziertere Theorien der Aesthetik verfügten, schön und gut zu sein war im vorsokratischen Hellas dasselbe, Aesthetik und Ethik eins. Das betraf die Bildung ebenso wie die Erziehung in nicht unerheblichem Maß. Vorbilder und Leitbilder waren immer ganzheitlich schön, von gutem Charakter und von schöner Gestalt. So wurden beispielsweise auch diejenigen Charaktere der Dichtung, die "unedle" Ziele vertraten wie etwa Thersites aus der Illias immer auch als häßlich oder mißgestaltet dargestellt. Diese etwas naive Sicht kennt unsere moderne Zeit nur noch in Märchen, im Puppentheater oder, wiedererstanden, in den Comics. Auf der anderen Seite bedeutete Kalokagathie immer auch die Suche nach harmonischer Form. Ein solches Bildungsideal konnte nur ganzheitlich sein; das bedeutet, daß ein griechischer Aristokrat nicht nur durch gymnastische Übungen seinen Körper, sondern auch durch musische Übung seinen Geist formen sollte. Somit waren die Hopliten der Phalanx, also diejenigen, die über Geld für Waffen und Muße für Geistesdinge verfügten, immer auch mehr oder weniger gebildete Menschen, die im Idealfall lange Passagen der Dichtung, meist Homer oder Hesiod auswendig kannten, mindestens ein Musikinstrument beherrschten und in der Lage waren, gebildete Unterhaltungen zu führen, ganz wie die Edlen in der Dichtung selber. Achilleus etwa war nicht nur ein hervorragender Kämpfer, er war auch ein guter Flötenspieler und Sänger (schließlich war er vor seiner Karriere als Krieger einst ein Schüler der Muse Kalliope gewesen), und der Zentaur Cheiron, der Lehrmeister zahlreicher Helden, hatte ihn in der Heilkunst unterrichtet.[35]

Hierin glichen die griechischen Edlen viel eher den Rittern der islamischen Glanzzeit Saladins, als den eher groben und urwüchsigen Charakteren, die den europäischen Ritterstand des frühen und hohen Mittelalters stellten. Doch bestand das Bildungsideal nicht allein im Formen der einzelnen Persönlichkeit:

Der zweite Aspekt, nämlich der des Agonalen, machte aus dem Bildungsziel der Kalokagathie einen dynamischen Prozeß. Man kann sagen, daß die Griechen vom

Wettkampf geradezu besessen waren. Alles und jede Tätigkeit stand im Zeichen des Vergleiches. Theaterstücke, Gymnastik, Vortrag beim Gelage, Leistung beim Weintrinken, alles wurde als Herausforderung betrachtet, bei der es galt, Kontrahenten zu übertreffen und zu schlagen. Es ist leicht, sich vorzustellen, wie sehr der stete Ehrgeiz, der Beste zu sein, wenn er seit frühester Kindheit als erstrebenswertes Ziel betrieben wird, das komplette Gemeinwesen in allem beeinflußte. Viele Leistungen der griechischen Kultur, der beständige Streit und die ständigen Streitereien nicht nur zwischen Individuen, sondern auch zwischen Städten, ob sportlich bei Festspielen oder militärisch wie in den permanenten kriegerischen Auseinandersetzungen, sind ohne den Begriff des Agonalen nicht zu verstehen. Hesiod beschreibt die Natur des Wettstreits in den "Erga", wenn er sagt, daß auf der Erde zwei des Namens Streit, Eris, existieren. Die eine (den Wettstreit) wird jeder loben, der sie kennt, aber die andere (die Streitsucht) ist tadelnswert; ferner seien sie dem Geiste nach völlig verschieden.[36] Doch sagte er es nicht zuletzt wohl gerade deshalb, weil die beiden Formen doch stark ineinander überzugehen bereit waren.

Die musische Bildung hatte auch ihren religiösen Sinn, denn obwohl die Griechen eine einigermaßen distanzierte Haltung gegenüber ihren Göttern hatten, die sie ja für durchaus boshaft hielten, waren doch die Gottesdienste wichtige kulturelle Institutionen. Zwei Punkte befremden den modernen Menschen dabei vor allem: erstens die vollkommene Abwesenheit einer einheitlichen Götterlehre und zweitens der menschliche Charakter fast aller Götter mit allen dadurch bedingten dunklen Seiten. Vor den Launen der Götter konnte man zwar niemals sicher sein, man mußte sie vielmehr fürchten, man konnte aber immerhin versuchen, ihre etwaige Bosheit durch Opfergaben zu mildern oder durch Orakelsprüche ihren Willen in Erfahrung zu bringen, um sich vor bösen Überraschungen zu schützen. Der Dichter Xenophanes warf seinen Vorgänger-Kollegen Homer und Hesiod vor, daß alles, was bei den Menschen verachtet sei, von Treulosigkeit und Ehebruch über Diebstahl und Betrügereien aller Art bis zu heimtückischem Mord bei den Göttern als göttliche Eigenschaft dargestellt werde.[37] Kein Wunder, wenn es die Menschen ihren Göttern nachtaten.

---

[35] Homer. Ilias 11. 831-2.

[36] Hesiod. Theogonia 225f.; Erga 11ff. Eris als Eifersucht oder Konkurrenzneid ist ein Kind der Göttin Nacht.

[37] Fragment 8 und 9. Über die Frage, ob Homer mit seinem Werk eine Satire über die olympischen Götter verfaßt habe, hat v. Ranke-Graves spekuliert.

Die Götter selber empfanden hingegen Freude über gelungene Gottesdienste genauso wie über gut geschlagene Schlachten, denen sie als mehr oder weniger unparteiische Zuschauer beizuwohnen pflegten.

Das Spektakel war zentraler Bestandteil des Gottesdienstes: Tanz, Gesang, Geschrei, Dichtung und Drama auf der einen Seite waren deswegen ebenso Element der sakralen Handlungen wie Tier- und Trankopfer,[38] sportliche Wettkämpfe - wie die Olympiade - und großzügige Schenkungen oder sinnliche Ausschweifungen auf der anderen Seite. In jedem dieser Bereiche konnte der Einzelne glänzen und sich im Schönen hervortun. Kalokagathie und das Agonale durchdrangen jeden Bereich des Lebens, von der Religion über das tägliche Leben hinweg bis zum Kriegswesen.

In Themistokles fanden die Musen jedenfalls keinen so geeigneten Schüler wie bei Achilles. Er soll sehr unmusikalisch gewesen sein und kein einziges Instrument auch nur ansatzweise beherrscht haben.[39] Er entsprach sicherlich nicht der Maxime, die Simonides über die Erziehung aufgestellt hatte, die jungen Männer sollten "an Händen, Füßen und Geist rechtwinklig und ohne Fehl gebaut sein",[40] wenn damit Konformität gemeint war. So wie Alexander der Große, war Themistokles anscheinend nicht willens, seinen Lehrern allzuweit zu folgen, auch wenn er nicht so weit zu gehen bereit war wie der Held Herakles, der seinen Lyra-Unterricht durch die Ermordung des Lehrers vorzeitig beendete.

Über die weitere Erziehung des jungen Themistokles herrscht leider volkommene Unklarheit, sogar Verwirrung. Plutarch hält Stesimbrotos' Auskunft, daß Themistokles ein Schüler des Philosophen Anaxagoras von Klazomenae und des Physikers Melissos von Samos gewesen sei für falsch und teilt vielmehr die Auffassung, daß er ein Schüler des Phrearriers Mnesiphilos[41] gewesen sei, der in Solons Tradition der praktischen Philosophie stand. Möglicherweise war dieser aber auch nur eine Art Rhetoriklehrer, ein früher Sophist, wie sie zu Dutzenden durch Griechenland zogen und mit ihren rednerischen Fähigkeiten das Publikum zu beeindrucken suchten.

Sowohl Thukydides als auch Plutarch berichten hingegen einstimmig über seinen Charakter:

---

38 Gerade Tieropfer waren beispielsweise im Persien des Dareios streng verpönt.

39 Cicero. tusc. 1.4.

40 Fragment 4.2

41 Plut. Them. 2.5. Anaxagoras wurde um 500 geboren, war also ca. 30 Jahre jünger als Themistokles und lehrte seit etwa 480 in Athen. Stesimbrotos gilt als einer der größten Kritiker übrigens des Kimon, dem er fehlende Bildung, Trunksucht und Maulfaulheit vorwarf, er gab ihm überdies den Spitznamen "Dummbart". Plutarch hat Kimon in den Doppelbiographien neben Lucullus gestellt.

Wirklich zeigte Themistokles eine so offensichtliche Mächtigkeit seiner Natur, daß er im höchsten Grade dafür ganz besonderer Bewunderung wert war; durch eigene Klugheit allein, weder irgendwie vorbelehrt noch nachbelehrt, war er mit kürzester Überlegung ein unfehlbarer Erkenner des Augenblicks und auf weiteste Sicht der beste Berechner der Zukunft.[42]

Er sei ferner von großer Tüchtigkeit für die politische Laufbahn und geschickt im praktischen Leben gewesen, schreibt Plutarch.[43] Gerade Plutarch ist für derartige Zwecke wie kein zweiter geeignet, um den Charakter einer Person darzustellen. Seine Sammlung von Aussprüchen berühmter Römer und Griechen ist auch hier von großem Nutzen.

Ebenso wie die positiven Eigenschaften hat Plutarch jedoch auch schlechte oder zumindest weniger gute überliefert. So soll Themistokles überhaupt ein miserabler Schüler, nicht nur im Musikunterricht, gewesen sein und als sehr junger Mann seine (unschuldigen) Kameraden zu Übungszwecken in fiktiven Gerichtsreden angeklagt oder auch verteidigt haben.[44] Er ließ sich angeblich auch bei 'Wein und Weib'[45] gehen, wie Plutarch kritisierend anmerkt, wobei wir leider im Unklaren darüber bleiben müssen, wie alt er war, als er mit diesem aus der Sicht Plutarchs bedauerlichen Lebenswandel begann.

Nach dem Sieg des Miltiades bei Marathon aber wurde er von so großem Ehrgeiz und Neid ergriffen, daß er nur noch an politischen Erfolg denken konnte, daß er sogar unter Schlaflosigkeit gelitten haben soll.[46]

Ein Ausspruch von ihm läßt ebenfalls in sein Wesen blicken, auf die Frage nämlich, ob er lieber Achilles oder Homer gewesen wäre, soll er geantwortet haben: "Und du selber? Würdest du lieber der Sieger bei den Olympischen Spielen sein wollen oder der, der den Sieg nur verkündet?",[47] er zeigte damit offen das Ausmaß seiner Ambitionen und daß der agonale Zug, im Gegensatz zum musischen, in ihm sehr gute Ausprägung gefunden hatte.

---

[42] Thuk. I. 138. 3.

[43] Plut. Them. 2. 6.

[44] Plut. Them. 1. Thuk I. 138: "fast ohne Schulung"

[45] Plut. Mor. 185.

[46] ebd. Zu diesem Zeipunkt war Themistokles allerdings nicht mehr so jung, nämlich ungefähr schon 34 Jahre alt. Cicero. Tusc. 4.44.

[47] ebd. Plut. Mor. 185.

Darüber, welche Vorstellung von der Geographie die Menschen jener Zeit hatten, ist oft spekuliert worden. Wir können jedoch aus den Schriften Herodots eine ungefähre Vorstellung dessen gewinnen, was man schon im späten 6. oder frühen 5. Jahrhundert über die Aufteilung der Erde dachte. Es ist wichtig darauf hinzuweisen, daß eine katalogisierte und systematisierte Wissenschaft noch nicht vorhanden war, wie sie später Aristoteles vorlegte. Möglicherweise ist der spätere Kampf der Griechen gegen das Persische Großreich auch aus schierer Unkenntnis der wahren Größenverhältnisse so mutig unternommen worden.

Die Weltkarte des Herodot stellt einen aus konzentrischen Kreisen rund um Hellas gebildeten Kosmos dar. Je größer die Entfernung zum Zentrum ist, desto erstaunlicher gestalteten sich Sitten und Gebräuche der Bewohner jener Länder, je näher, desto zivilisierter und verständlicher. Diese Sicht der Welt, die sich nicht zuletzt auch durch die spärlichen Möglichkeiten der Informationsbeschaffung erklären lassen, macht das Geschichtswerk Herodots vor allem durch einen Punkt zu einer äußerst interessanten Quelle:

Herodot benutzte die Kulisse der weit abgelegenen Exotik, um Mißstände im eigenen Land aufzeigen und vor dem Hintergrund fremder Kulturen kritisieren zu können. Wenn er etwa die Frömmigkeit der Äthiopen im fernsten Süden rühmte, so geschah das immer auch im Hinblick auf den von Herodot attestierten Zerfall der Rechtgläubigkeit im eigenen Land.

Somit erreichte er zwei Ziele auf einmal. Er konnte die Höhe der eigenen Kultur gleichzeitig stolz herausstellen oder bemängeln, wo er sie der Dekadenz oder des Verfalls für verdächtig hielt. Diese Sichtweise und historische Darstellungsform waren geistesgeschichtlich neu.

Auch in einem anderen Punkt ist Herodots Werk eine wichtige Station auf dem Weg zu einer fortgeschrittenen Betrachtungsweise von Welt und Historie. Denn bisher galt die bewohnte Welt mit allen ihren Meeren und Küsten als eine Art Insel mitten im mythischen Strom des Okeanos, dessen Fluten immer im Kreis um die Landmasse im Zentrum herum strömten. Tief unter dem Land befand sich dieser uralten Vorstellung zufolge der Tartaros, weit darüber der Himmel, wie es aus der homerischen Schildbeschreibung hervorgeht. Eine solche Dreiteilung des Kosmos findet sich in vielen Kulturen, auch etwa in den Vorstellungen der alten Germanen, die ihre drei Stockwerke der Welt, Utgard, Midgard und Asgard nannten. Solche Konstruktionen erwuchsen nicht zuletzt aus dem Bedürfnis nach göttlicher Symmetrie und sinnvoller, verständlicher Ordnung des Kosmos.

Herodot stand dieser alten Auffassung kritisch bis ablehnend gegenüber. Auch die gängige Auffassung, daß sich die Namen der Kontinente Asien und Europa auf Frauengestalten der Vorzeit zurückführen ließen, lehnte Herodot ab.[48] Die phoinikische Prinzessin Europa habe auf ihrem Stier ja lediglich Kreta erreicht, und den eigentlichen Boden Europas nie betreten.[49]

Doch reichten die Konsequenzen der Ablehnung traditioneller Erklärungsmuster weiter als nur bis zur Debatte über den Ursprung von Namen. Die gesamte historische Methode war davon betroffen, denn Herodot bemühte, anders als seine Vorgänger, die Berichte von Weltreisenden, denen er jedoch teils wenig, teils gar nicht vertraute – immerhin aber führt er sie an. Diese Fahrten wurden von Gesandten und Prospektoren der Ägypter und Perser unternommen, weniger von Griechen. Beispielsweise wird eine Umsegelung Lybiens erwähnt, die ein persischer Fürst aus Sühne für eine Vergewaltigung an einer Prinzessin unternehmen mußte, um dem Tod durch das Pfählen zu entgehen.[50] Die Fahrt (immerhin hätte sie rund um Afrika geführt) konnte jedoch nicht abgeschlossen werden, und so mußten die Entdecker nach vielen Monaten auf See die gleiche Route für den Rückmarsch wählen.

Herodots Schrift ist überaus reich an solchen und ähnlichen Stellen, die manchmal phantastisch, manchmal ganz nüchtern auf den Kenntnisstand der Epoche verweisen. Dabei ging es selbstverständlich auch um Unterhaltung des Publikums, denn Herodots Schriften wurden, wie alle Schriften des Altertums eher vorgetragen, als still gelesen. Somit mußte ein wissenschaftlicher Text immer einem persönlich anwesenden Publikum gefallen, das versammelt war, um sowohl den Vortrag selber, als auch den Inhalt immerfort kritisch und bewertend anzuhören. Herodot kolportiert für eben dieses Publikum das Seemannsgarn der Zeit, wobei er sich freilich davon distanziert – ein geschickter Kunstgriff, um das Unwahrscheinliche und Unterhaltsame vortragen zu können, ohne den Anspruch auf Ernsthaftigkeit zu verlieren. So finden wir etwa im dritten Buch eine Stelle, die folgendermaßen lautet: "Das lasse ich mir [von den Gewährsmännern] aber nicht weismachen, daß es nämlich einäugige Menschen gäbe, die aber sonst den normalen Menschen in jeder Beziehung ähneln."[51] Mit

---

[48] Herodot 4, 45, 3

[49] Bichler, 19. Für eine ausführliche Darstellung des herodotischen Weltbildes unter den Gesichtspunkten der menschlichen Hybris, des Motivs der gerechten Bestrafung und der Notwendigkeit historischer Entwicklungen.

[50] Herodot 4, 43, 2

[51] Herodot, 3, 116

einem solchen Satz konnte der Vortragende sich ferner der Zustimmung des Publikums sicher sein.

Die fehlende Gewissheit über die Herkunft der Perser beispielsweise bereitete Herodot erhebliche narrative Probleme. Idealerweise ließen sich alle historischen Akteure auf eine der überaus zahlreichen Figuren aus der griechischen Mythologie zurückführen, wenn auch ungern auf weibliche. Die Perser mit Perseus in Verbindung zu setzen, lag nahe, ebenso, wie es nahelag, die Meder mit Medea in Zusammenhang zu bringen.[52] Herodots Welt kennt andererseits durchaus eine vom Mythos teilweise gelöste Wirklichkeit, Erwähnungen von Mythen erscheinen häufig nur aus Sorge um Vollständigkeit der Darstellung. Das Erklärungsmonopol der alten Sagen ist gebrochen.

Darin ist ein wesentlicher Schritt in Richtung Aufklärung und Weltoffenheit der Klassik zu sehen. Auch wenn es nun in Griechenland eine Priesterkaste im orientalischen Sinn nicht gab, die Geheimwissen gehütet, also vor der Mehrheit verborgen hätte, sondern da vielmehr die Mythen Allgemeingut waren, so bedeutete der Abschied von den Mythen selbst als Welterklärung vor allem eines: Versachlichung und Skeptizismus im besten Sinn. Stand eine Tatsache im Gegensatz zu den Mythen, war es fortan kein Vergehen an den Gottheiten mehr, darauf hinzuweisen. Diese Errungenschaft wurde freilich durch die spezifisch griechische Form der Religion begünstigt.

Kommen wir zurück zu dem, was wir über Themistokles' Jugend wissen:

Plutarch schreibt, daß Rivalität in einer Liebesaffäre um den schönen Stesilaos von Keos der Grund für die frühe, kindische und fast lebenslange Feindschaft zwischen Themistokles und Aristeides, dem Sohn des Lysimachos lag. In fast allen Eigenschaften standen die beiden Männer im Gegensatz zueinander, was auch in folgender Anekdote zum Ausdruck kommt:

Bei einem Tonscherbengericht soll ein Provinzler, der zwar abstimmen durfte, aber nicht schreiben konnte, den zufällig danebenstehenden Aristeides gebeten haben, doch den Namen "Aristeides" auf die Scherbe für ihn einzuritzen. "Warum?", fragte der den Provinzler, "kennst du den Aristeides denn?" Der kannte ihn nicht, aber er gab an, daß er es leid sei zu hören, daß man Aristeides immer den "Gerechten" nannte. Da soll Aristeides das Ostrakon genommen und den verlangten Namen für

---

[52] Fehling, 36, weist darauf hin, daß die Perser in Griechenland auch als "Kephenen" bekannt waren, was auf "Kepheus" verweist, der ein Vorfahre des Perseus war. Seit Perseus jedoch galt der neue Name.

den Provinzler in die Scherbe eingeritzt haben.[53] Der Sohn des Neokleos hätte schwerlich so gehandelt. Themistokles hatte in Aristeides jedenfalls einen mächtigen Gegner gefunden, einen Aristokraten und Vertreter der Idee, daß Athen eine starke Landmacht sein und bleiben solle. Die Feindschaft währte bis zur Verbannung des Aristeides, die er aber nicht die vollen zehn Jahre ertragen mußte, da eine Amnestie kurz vor der Perserinvasion alle ehrenhaft Verbannten zurückrief. Auf Salamis versöhnten sich die beiden Männer. Auch im politischen Kampf gegen die Tyrannenfreunde und das Oberhaupt der Alkmeoniden, Xanthippos, werden die beiden ihre Feindseligkeiten für eine Weile eingestellt haben müssen, um den gemeinsamen Gegner ausschalten zu können, bevor Themistokles dann schließlich doch eben die erwähnte Verbannung des Aristeides durchsetzte.[54]

Wie so oft im Falle griechischer Figuren sind uns über das Äußere letztlich nur spärliche Hinweise erhalten geblieben, zumeist finden sich nur römische Kopien griechischer Statuen, von denen man annehmen kann, daß sie idealisiert oder sonst irgendwie verändert wurden, um den römischen Geschmack besser zu bedienen. Aber auch die alten Texte schweigen sich leider über das Aussehen der meisten Personen aus.
Figuren des Mythos hingegen, wie sie etwa in der Odyssee und der Illias auftauchen, sind häufig besser geschildert. Von Menelaos und Achilleus zum Beispiel wissen wir, daß sie blond gewesen sind, Odysseus soll rothaarig gewesen sein und relativ kurze Beine gehabt haben, so daß er im Sitzen besser aussah, als im Stehen; die Göttin Hera wird als kuhäugig und weißarmig beschrieben, der Held Thersites war abstoßend häßlich, und Aphrodite, die Göttin der Liebe, hatte – geringe Überraschung - ein überaus bezauberndes Lächeln.[55] Nur wenn eine historische Person einen körperlichen Mangel aufwies, hielten die alten Geschichtsschreiber es für notwendig, die Nachwelt darüber zu informieren, etwa wie im Falle der Geschwulst am Kopf des Perikles, die so groß war, daß Perikles sich nur mit Helm abbilden ließ[56] oder im Falle der Hautausschläge des Kaisers Augustus, die mit hölzernen Rücken-

---

[53] Plut. Mor. Arist. 2. Aristeides war 489/8 Archont. Vgl. Develin, 57. über die Möglichkeit einer Verwechslung mit einem anderen Aristeides, Sohn des Xenophilos aus Alopeke.
[54] Plut. Them. 11 der erwähnte Stesimbrotos muß sich hier irren, wenn er Miltiades eine Rolle spielen läßt; vgl. Arist. 7.
[55] Zur mythologischen Bedeutung dieser Beschreibungen Ranke Graves, 42; 170; 601; 625;
[56] Was zu seinem Markenzeichen wurde. Auch in modernen Bildern ist er stets so zu sehen, wie etwa auf Ingres' Gemälde "Die Apotheose Homers" 1827, Paris, Louvre.

schabern behandelt wurden. Sonst erfahren wir nichts über die äußere Erscheinung und so muß auch Themistokles' Aussehen mehr oder weniger im Dunkeln bleiben. Die Büste von Ostia, eine Römische Marmorkopie nach einem Original aus der Lebenszeit des Themistokles zeigt einen runden, kernigen Männerkopf mit Bart, und entschlossenem Gesichtsausdruck.

4. Die griechische Welt um 500 v. Chr.

alles ist in Bewegung und nichts bleibt bestehen[57]

Das Athen zur Jugendzeit des Themistokles entspricht noch nicht dem gängigen Bild der klassischen Polis aus perikleischer Zeit, das man immer vor Augen hat. Weder verbanden die langen Mauern den Hafen Piraeus mit der Stadt, noch waren die Stadtmauern selber, gegen spartanischen Einspruch, zu der späteren Höhe aufgetürmt. Weder das Parthenon, noch die Stoa Poikile waren errichtet; wie das antike Rom vor Augustus so war auch Athen vor Perikles eher ländlich denn kosmopolitisch. Phidias hatte noch keine Skulpturen geschaffen, Praxiteles, Lysipp und Sokrates, waren noch nicht einmal geboren. Athen war eine Stadt unter vielen, bedeutend zwar, aber nicht dominant, schon gar nicht auf kulturellem Gebiet, wo Ionien den bestimmenden Einfluß ausübte. Die kleinasiatischen Inselstaaten im Schnittpunkt vieler Kulturen befruchteten die gesamte Region auf den Gebieten der Künste, Wissenschaften und des Handels. Waren auch Athener Produkte, wie etwa Töpferwaren berühmt und begehrt, so konnte dennoch kein Zweifel daran bestehen, daß griechische Kultur zu dieser Zeit in erster Linie kleinasiatische Kultur, Wirtschaft und Gelehrsamkeit war.[58]

Aber nicht nur das äußere Bild der Stadt, sondern auch die politische Wirklichkeit weicht von unserem gewohnten Bild ab: Militärisch dominierte Sparta an der Spitze des mächtigen Peloponnesischen Bundes, dem auch Städte außerhalb der Halbinsel angehörten, wie Megara und Aigina. Zweitstärkste Macht war Thessalien unter der Führung der Aleuaden[59] von Larisa am Peneios und der Skopaden von Krannon. Diese beiden Machtzentren nun, die Flächenstaaten Sparta und Thessalien, waren aber durchaus untypisch für das griechische Staatswesen dieser Zeit, denn jede noch so kleine Polis verteidigte ihre Unabhängigkeit bis zu einem Maß, das jedes langfristige Bündnis unmöglich machte. In diesem "Unvermögen, sich zu größeren Macht-

---

[57] Heraklit 58

[58] *Aber die Töpferscheib' und den tönernen Krug, den berühmten, Feuer und Erde entsproßt, nützlich in jeglichem Haus: sie hat erfunden die Stadt, die des Sieges rühmliches Denkmal dort bei Marathon einst durfte errichten, Athen.* Kritias. 2.

[59] Den Ruhm und die königliche Freigiebigkeit dieser Geschlechter ehrte der Dichter Simonides von Keos in seinem Werk.

bildungen zusammenzuschließen"[60] lag aber auch der nicht zu unterschätzende Reichtum Griechenlands, der die Ausbildung der Demokratie durch seine Vielfalt und Interessenkonflikte erst ermöglichte. Es ist kein Wunder, daß die moderne Demokratie unserer Zeit ihre Wurzeln in den attischen Stadtstaaten und nicht in Sparta oder Thessalien sieht.

Zunächst aber stand Athen noch unter der Herrschaft der Tyrannen, deren erster, Peisistratos, 561/560 an die Macht gekommen war, indem er sich nach einem erfolgreichen Feldzug gegen Megara eine Leibwache von Keulenträgern zulegte, die oligarchische Opposition gewaltsam niederzwang und die Akropolis bezog, von wo aus er die Stadt mal leichter, weil beliebter, mal schwerer, weil unter Druck, kontrollieren konnte. Zweimal besiegten und verbannten ihn die einen Athener, zweimal kehrte er bejubelt von den anderen zurück.[61]

Peisistratos war jedoch nicht nur unrechtmäßiger Herrscher und Tyrann Athens, er war auch Reformer: Auf sein Wirken gehen zahlreiche soziale Hilfseinrichtungen zurück, wie etwa die Unterstützung der Landwirtschaft treibenden Umwohner und die Institution der Demenrichter, die ihm halfen, ein politisches Gegengewicht zur Aristokratie zu schaffen. Unter seinem Regime wurde eine kanonische Sammlung der Werke Homers herausgegeben, die allerdings im Dienste gewisser politischer Interessen gestanden haben wird.[62]

Bauten, wie die große Athener Wasserleitung stammten ebenfalls von ihm. Eines der ersten Ämter, das Themistokles als "Aufseher über die Quellen" besorgte, war die Verwaltung und Aufsicht eben dieser Wasserleitung von Athen.

Bei den Bauern des Hinterlandes war der Tyrann Peisistratos beliebt; vor allem sie hatten gejubelt, als der Grundbesitz des feindlichen Adels verteilt wurde. In dieser Popularität lag auch einer der Gründe für die persische Landung bei Marathon, an der auch Peisistratiden teilnahmen, denn die Bauern dieser Gegend galten als ganz besonders tyrannenfreundlich und somit pro-persisch.[63]

Peisistratos unterhielt ferner eine Söldnertruppe, die er aus eigenen Mitteln bezahlte, der Ausbeute seiner reichen Goldminen in Thrakien, was ihn aber nicht davon abhielt, Athen hohe Steuern aufzuerlegen. Wer in Athen auf Dauer herrschen wollte, mußte außerhalb Athens sein Geld gewinnen, auch Miltiades hat es so gehalten. Man kann in seiner Politik bereits die Ansätze eines überseeischen Machtstrebens erken-

---

60 Bengtson, 123.
61 Bengtson, 112 über die kurzlebige Koalition zwischen den Alkmeoniden und den Peisistratiden.
62 Ranke-Graves, 632.

nen, das aber freilich an private Interessen gebunden war und nicht an die Vision einer attischen Hegemonie. Der Athener Handel erlebte ohne Zweifel eine Blütezeit unter dem Tyrannen und seinen Nachfolgern, zahlreiche Funde aus dem gesamten Mittelmeerraum beweisen die zunehmende Exportkraft Athens, aber es handelt sich bei diesen Funden eben lediglich um Gebrauchsgut, hauptsächlich um Töpferwaren und nicht um Schrift. So sind wir über diese Epoche leider vergleichsweise schlecht informiert; die Quellenlage ist dürftig, denn die Schriftgattung der Atthis, der attischen Lokalgeschichte, entstand erst im 4. Jahrhundert.[64]

Der Tyrannenherrschaft wurde schließlich ein Ende gemacht, als Hipparchos, Sohn des Peisistratos und Bruder des Thronfolgers Hippias, von Athener Aristokraten ermordet wurde - angeblich wegen einer privaten Querele. Unter diesen zu Helden stilisierten Athenern befanden sich Aristogeiton und Harmodios, sie brachten die Tyrannis massiv ins Schwanken, doch es gelang ihnen nicht, die Demokratie wiederherzustellen, also etwas anderes an die Stelle des abgeschafften Regimes zu setzen; das mußten die Spartaner tun, die, von außen kommend, Hippias' Kapitulation und Flucht erzwangen; das war im Jahr 510, als Themistokles etwa 14 Jahre alt war.[65] Dieser Revolutionsversuch hat ihn, so Plutarch, geprägt; er galt fortan als Parteigänger der Tyrannenfeinde.[66]

Vielleicht ist der erste Teil der folgenden Anekdote von Plutarch in diese Jahre zu verlegen: als Themistokles noch jung war, soll er für den attraktiven Antiphates geschwärmt haben, der jedoch keinerlei Reaktionen zeigte und ihm aus dem Wege ging. Viele Jahre später, als Themistokles ein berühmter Mann geworden war, kam derselbe Antiphates beständig zu ihm und versuchte sich einzuschmeicheln. "Es hat zwar eine Weile gedauert, mein Junge", soll Themistokles ihm eines Tages gesagt haben, "aber jetzt sind wir beide vernünftiger geworden."[67]

Mit dem Sturz der Tyrannis war noch keineswegs eine neue Staatsform gefunden; zu viele verschiedene Interessen, uralte Ansprüche und neue Probleme existierten. So ist es auch zu verstehen, warum die kleisthenischen Reformen, die dem Ende der

---

[63] Aristot. Athen. Pol. 16. entwirft ein sehr günstiges Bild von Peisistratos.

[64] Im Vergleich mit der Peisistratidischen Ära, sind wir über die Zeit Solons, des großen Reformers, gut informiert. Seine Figur dürfte aber ebenfalls im Zuge der Parteienkämpfe von den Demokraten vereinnahmt worden sein. Rhodes, 60. Solon - ein fingierter Demokrat?

[65] Die Alkmeoniden sollen das Orakel von Delphi bestochen haben, so daß die Spartaner zum Eingreifen gebracht wurden. Herodot. 5.62.

[66] Plut. Kim. 10. Alle Plutarchzitate, soweit nicht anders vermerkt, sind Übersetzungen des Verfassers.

[67] Plut. Mor. Them. 8.

Tyrannis folgten, auf erbosten Widerstand vieler Seiten stießen und deshalb nur Schritt für Schritt vollzogen werden konnten. Auch wenn Reformer auf Geheiß der Mehrheit eingesetzt wurden, um dem Gemeinwesen neue Rahmenbedingungen zu verschaffen, so hieß das niemals, daß die Mehrheit auch mit den Ergebnissen dieses Neugestaltens zufrieden sein mußte, doch man hielt sich in der Regel an die neuen Maßgaben.

Die Neueinteilung der Athener Bevölkerung in Phylen sah vor, daß jede Phyle sich wiederum aus drei Teilen, Trittyen, zusammensetzte, einem der Stadt, einem Teil der Küste und einem Teil des Landesinneren. Jede Trittye einer Phyle, stellte eine Heeresabteilung der Phalanx und bestand wiederum aus Gemeinden, den Demen, selbständigen Verwaltungsbezirken, die die kleinste Einheit der Verfassung darstellten. Der Sinn der neuen Aufteilung lag darin, die alten Stände- und Dynastiestrukturen zu zerschlagen und dafür zu sorgen, daß keine einzelne Gruppierung mehr zu leicht die übrigen überflügeln können würde. Diese Verbindungen wurden nämlich durch Los bestimmt und waren mit Absicht durchaus künstlich. Somit waren die alten stammesorientierten Ordnungen politisch bedeutungslos geworden. An deren Stelle trat eine territorial bestimmte Verfassung.

Die zehn Phylen stellten nun Vertreter, jede Phyle 50 Mann. Das so gebildete Gremium der Phylenvertreter trägt den Namen "Rat der Fünfhundert"; es basierte auf der alten solonischen Einrichtung des "Rats der Vierhundert" und war folgendermaßen aufgebaut: Der Rat hatte 10 Sektionen, sogenannte Prytanien, die einander im Vorsitz ablösten, sich aber gegenseitig berieten. Jeder Beschluß der Volksversammlung wurde diesem Gremium vorgelegt.

Weitere Neuerungen waren die Abschaffung der Folter für Freie, sowie die Einführung des später berühmt gewordenen Giftbechers als Mittel zur Vollstreckung der Todesstrafe und schließlich das Instrument des Tonscherbengerichts, das die Verbannung einer Person des politischen Lebens erlaubte. Der Sinn dieser Einrichtung lag darin, diejenigen Personen des öffentlichen Lebens rechtzeitig ausschalten zu können, von denen man einen Staatsstreich erwarten konnte oder mußte. Der Ostrakismos war zwar ursprünglich als Mittel der Prävention gegen eine erneute Tyrannis gedacht, entwickelte sich aber im Laufe der Zeit zu einem demagogischen Machtinstrument der radikalen Demokratie, einem Ventil des leicht erhitzbaren politischen Kessels.[68]

Die Abhaltung eines Tonscherbengerichts konnte immer nur für das nächste Jahr beschlossen werden. Der dann Verbannte hatte für die Dauer von 10 Jahren die Stadt zu verlassen, wobei er aber sein Vermögen und Bürgerrecht mit allen Würden behielt. Die Verbannung sollte ihn lediglich für zehn Jahre der Politik fernhalten und seine Partei in der Stadt schwächen. In der späteren Zeit, vor allem in Kriegstagen, wurden jedoch meist die Politiker verbannt, die unpopuläre Entscheidungen getroffen hatten und so dem Populismus leichter zum Opfer fallen konnten. Athen um 500 v. Chr. heißt aber auch, daß noch keine Flotte von Trieren vorhanden war. Athen war noch, ebenso wie Sparta, hauptsächlich Landmacht und von seiner späteren Vormachtrolle zur See sehr weit entfernt. Die wichtigste Seemacht dieser Tage war Korinth, das sich ebenfalls von einer langen Tyrannis erholte.

Als Landmacht war der legendäre Staat der Lakedaimonier am besten organisiert; spartanische Hopliten galten als nahezu unbesiegbar; spartanische Kultur, so unglaublich das heute klingen mag, war ein Ideal und wurde als "echt" griechisch und zugleich als fremd und unverständlich aufgefaßt. Sparta war Vorbild und Schreckbild zugleich.

Ein typisches Element spartanischer Außenpolitik war der Umstand, daß spartanische Interventionen fast ausschließlich der Erhaltung des status quo dienten und fast niemals territoriale Gewinne zum Ziel hatten. Der status quo wurde aus spartanischer Sicht vor allem durch Tyrannen bedroht, die aufgrund ihrer populistischen Herrschaftsweise auf siegreiche Kriege und Beute angewiesen waren. So griffen spartanische Truppen etwa in Athen, Samos und Sikyon ein, zogen sich nach vollbrachter Mission dann aber zurück, um in Sparta die aufständische messenische Urbevölkerung besser unter Kontrolle halten zu können, auf deren Niederhaltung die spartanische Macht nicht unwesentlich beruhte.

Zieht man einen noch größeren Kreis um Athen und wendet sich Kleinasien zu, so findet man zunächst die ionischen Poleis, ein Gemisch der unterschiedlichsten Verfassungen und Staatsformen, die alle eines gemeinsam hatten: militärische Schwäche und die Angst vor den starken Nachbarn im Inneren des asiatischen Kontinents.

---

[68] Vgl. Hansen 1989. Über das Problem "Demokratie" in Athen. Über die Frage, ob alle Bürger gleichermaßen am politischen Prozeß beteiligt waren, oder ob es den Begüterten vorbehalten war, ist viel geschrieben worden. Vgl. Davies, 335. und Hansen, 18 - 21. Werner, 49. Wolff, 280.

Kulturell war Ionien Vorreiter: Homer und Daidalos als früheste, sogar sagenhafte Künstler, Sappho von Lesbos und Hipponax von Ephesos als historische Personen seien erwähnt. Aber auch auf dem Gebiet der Philosophie galt Ionien dem griechischen Festland als überlegen. Thales von Milet, Xenophanes von Kolophon, Pythagoras von Samos, Herakleitos von Ephesos sind heute noch klangvolle Namen von Denkern aus der Zeit vor Sokrates und Platon, als Athen noch nicht Sammelpunkt der geistigen Welt war.

Jenseits der ionischen Hemisphäre begannen die fremdartigen Reiche der Barbaren.[69] Es ist klar, daß engste Kontakte jeder Art zwischen den asiatischen Landmächten und den griechischen Küstenbewohnern immer schon bestanden hatten - nur so ist der ungeheure kulturelle Reichtum, die intellektuelle Offenheit und nicht zuletzt der wirtschaftliche Erfolg dieser Region zu erklären. In dem Jahrzehnt um 550 hatte Kyros II. das medische Reich erobert und kurz darauf den Lyderkönig Kroisos besiegt. Kyros II. verfügte daraufhin nicht nur über den unvorstellbaren, sprichwörtlichen Reichtum der Lyder, sondern auch über die Vorherrschaft über ein Gebiet, das von Ionien bis an den Indus reichte. Der Name des persischen Großkönigs war bei den Griechen nicht umsonst synonym für Reichtum und Macht, aber auch für Unfreiheit und Unterwerfung, die allerdings erst unter Xerxes und während der Invasion nach Griechenland als politische Realität empfunden wurde, der gegenüber man nicht länger gleichgültig bleiben konnte. Gegen diese Unterwerfung, deren Symbol die Proskynese, der Kniefall,[70] vor dem Großkönig oder seinen Stellvertretern war, begehrten die ionischen Städte zunächst erfolgreich auf. Was zunächst als Erfolg der Griechen erschien, war in Wahrheit nur die anfängliche Schwerfälligkeit der persischen Militärmaschine, die, einmal in Gang gekommen, den Aufstand dann gründlich beendete und an Milet ein Exempel statuierte.

In Ionien hatte der Aufstand gegen die persische Vorherrschaft in starkem Maße auch wirtschaftliche Hintergründe: Wichtige Handelspartner der ionischen Städte, wie Sybaris in Süditalien, eine der Hauptabnehmerinnen ionischen Getreides, waren im Zuge der zahlreichen Kriege rund um das Mittelmeer zerstört worden; ganz Ägypten und große Teile der Schwarzmeerküste hatten sich dem Handel durch Krieg

---

[69] Vgl. Curtius, Griechische Etymologie, 290. Dem Begriff haftete immer, vor allem aber nach den Perserkriegen, Geringschätzung fremder Kultur an, bis er in der hellenistischen Zeit von Römern und Griechen generell auf alle Ungebildeten angewendet wurde. Die Römer nannten die Griechen jedoch nicht Barbaren, womit sie deren Hochkultur würdigten, was sie aber nicht daran hinderte, notfalls ganze Städte zu verheeren, wie unter Sulla.
[70] Hall, 121.

und Zerstörung entzogen. Dazu kam die persische Steuerlast, derer man sich nur durch einen erfolgreichen Abfall von Persien entledigen konnte, somit blieb nur die Rebellion. Die Griechen des Festlandes sympathisierten mit dem Freiheitskampf in Asien, wohl aber mehr sentimental als praktisch, denn als es darauf ankam, ließen sie die Ionier im Stich. Dennoch haben die Griechen in Hellas ihren Anspruch, Beschützer Kleinasiens zu sein, niemals aufgegeben.

Das mag auch für Themistokles prägend gewesen sein, er nannte später eine seiner zahlreichen Töchter Asia, eine andere Italia, eine weitere schließlich Sybaris, nach der sagenhaft wohlhabenden Handelsstadt in Süditalien, die den sogenannten "Sybariten", den Feinschmeckern späterer Tage den Namen gab.

Die Athener hatten den Ioniern zunächst Hilfe für den Aufstand zugesagt, aber später ihre Geschwader wieder abgezogen, so daß die Aufständischen ohne Hilfe der hellenischen Vorkämpfer allein zurückblieben. Deshalb wurde auch das Stück des Phrynichos "Der Fall von Milet" aus politischen Gründen abgesetzt und der Autor zu einer Geldstrafe verurteilt, nachdem die Aufführung das Athener Publikum zu Tränen gerührt hatte: die Athener Autoritäten wollten an ihre Rolle im ionische Aufstand nicht erinnert werden.[71] Themistokles dagegen erreichte in diesem Jahr, 493, das Amt des eponymen Archonten, also des obersten Regierenden, nach dem das Jahr benannt wurde; unter seiner Regierung wird der Dichter sein Stück zur Annahme eingereicht haben. Aufgrund dieser Jahreszahl allein müssen wir auf sein Alter schließen, denn die einzige andere Jahreszahl, die wir kennen und sicher mit Themistokles in Verbindung bringen können, 480, läßt keinen Aufschluß über sein Alter zu. Als Archont wird er etwa dreißig Jahre alt gewesen sein, weshalb man üblicherweise von einem Geburtsdatum um 524 ausgeht.[72]

Während der persische Großkönig nun von den kleinasiatischen Poleis immer als übermächtige Bedrohung empfunden werden mußte, gab es in Athen durchaus Parteien, die sich mit dem Gedanken an eine Koalition mit dem Großkönig anfreunden konnten. Zu diesen zählten die bereits erwähnten Tyrannenfreunde. Das ging so weit, daß Athen aus Furcht vor einer andauernden spartanischen Besatzung in der Stadt im Jahr 507 dem persischen Satrapen Artaphrenes Wasser und Erde übersandte, die traditionellen Symbole der Unterwerfung unter die Hoheit zu Lande und zur

---

[71] Phrynichos, Sieger der Olympiade 511-508, führte als erster Frauenrollen ein und gehört nach Aristophanes zu den sog. "weichen" Dichtern ionischen Stils. Für sein Stück, bzw. dessen Aufführung mußte er 1000 Drachmen Strafe bezahlen.

[72] vermutlich das Archontenjahr von Kleisthenes, Sohn des Megakles.

See. Völkerrechtlich gesehen war Athen damit Teil des persischen Weltreiches geworden, wenn die Athener auch diese "Formalität" bald wieder vergaßen.

Miltiades, der Sieger von Marathon, hatte sich mit dem Großkönig arrangiert, allerdings nicht in seiner Eigenschaft als Stratege Athens, sondern als Großgrundbesitzer auf der thrakischen Chersonesos, also außerhalb Attikas. Das ist so zu erklären: Im politischen Gefüge der Zeit vor den Perserkriegen spielte die Ideologie als Argument, wie sie zur Zeit des Peloponnesischen Krieges vorzufinden ist, eine noch relativ untergeordnete Rolle. Ob man sich dem Großkönig unterwerfen wollte oder nicht, war keine Frage der nationalen Ehre oder der Treue zur griechischen Welt, schon gar keine Glaubensfrage, es wurden diese wechselhaften Koalitionen in der T Regel auch nicht als "unmoralisch" aufgefaßt; es war vielmehr nur eine weitere denkbare und erlaubte Option im politischen Suchen nach Vorteil und Macht. Je nach Stellung oder Konstellation, die sich beständig veränderten, boten sich auch neue Verbündete an. Auf diese Weise konnte der Feind eines Athener Feldherren, zum Verbündeten des gleichen Mannes werden, wenn es um ein anderes Problem ging.

Athens Konkurrenz mit Aigina, einer starken Handelsmacht in unmittelbarer Nachbarschaft, stand weit im Vordergrund der Politik Attikas; noch 488/7, kurz nach Marathon, befanden sich die beiden Mächte miteinander im Kriegszustand.

Von einer einheitlichen griechischen Welt, vom panhellenischen Gedanken, nicht zu denken an alexandersche Konezptionen einer groß-griechischen Kultur war also noch wenig zu sehen. Das zeigte sich auch in der politischen Landschaft innerhalb der Städte. Für Athener Politiker bedeutete das tägliche Leben: harter Parteienkampf um Einfluß, wechselnde Koalitionen und fortwährende Suche nach neuen Verbündeten innerhalb wie außerhalb der Stadtmauern.

Es fällt dem modernen Beobachter schwer, bei dem Wort "Parteien" an Familienverbände denken zu müssen, wie etwa an die Alkmeoniden oder Philaiden, eine in erster Linie durch Verwandtschaft und kurzfristige Interessengleichheit und erst in zweiter Hinsicht durch ihre politische Ausrichtung definierte Gruppierung. Innerhalb dieser Parteiungen waren gegensätzliche Interessen genauso vorhanden wie zwischen den verschiedenen Parteiungen. Sogar einzelne Personen, wie Miltiades, konnten im Zwiespalt mit den Interessen seiner Familie, ja sogar mit seinen eigenen verschiedenen Posten stehen.[73] Ferner waren offene politische Programme unbekannt, wichtiger war der Kampf um Ämter, Einkommen und Ansehen mittels Bestechung, Erpressung und allen anderen erprobten Werkzeugen der Politik.

Häufig hatte eine Person des öffentlichen Lebens ihr Amt nur für die Dauer eines Jahres inne, manchmal auch noch kürzer, und so ist auch die enorme Geschwindigkeit und über längere Zeiträume mangelnde Stetigkeit der Politik zu erklären, der viele Einzelne zum Opfer fielen, wie zunächst Peisistratos und Kleomenes, die Tyrannen; Kleisthenes, der Begründer der Demokratie in der Umbruchzeit; später, in Jahresabstand, Hipparchos,[74] Megakles[75] unter Verdacht der Tyrannenfreundschaft, Kallixeinos, Xanthippos, der Vater des Perikles, dann Aristeides, Miltiades, der Sieger von Marathon, fast alle auf Betreiben des Themistokles in der Zeit der Perserkriege. Später traf es Themistokles selber, Kimon wurde genauso verbannt, wie nach ihm Thukydides. Wenn von der französischen Revolution gesagt worden ist, daß sie ihre Kinder fraß, so kann von der griechischen Demokratie gesagt werden, daß sie ihre Helden verbannte.[76]

In diese Zeit, von der Tyrannis bis zu den Reformen des Kleisthenes, fallen Kindheit und Jugend des Themistokles.[77] Ein junger, ehrgeiziger Bürger mußte, wenn er sich der Politik seiner Stadt zuwandte, aus dem Umwälzungen dieser Epoche lernen, daß Koalitionen nicht lange halten, daß Gesetze dafür gemacht sind, Interessen zu verteidigen und im Streitfall derjenige gewinnt, der über die größte Unabhängigkeit verfügt und rechtzeitig ein ungünstiges Bündnis beendet. Es mag sein, daß Themistokles anders als die Angehörigen der sozial und politisch abgesicherten Elite, der echten Stadt-Aristokratie, mit geradezu garantierten Karrieren, wie etwa Aristeides, deshalb stärker zum politischen Pragmatismus neigte, statt sich, wie jene, auf konservative, pro-spartanische Ideale zu stützen, wie es auch Kimon getan hat.[78] Doch diese konservative Sichtweise befand sich vorerst noch in der Defensive und sollte

---

[73] Aristot. Athen. Pol. 13-17. nennt die Parteien "Gemäßigte der Küste; Oligarchenfreunde der Ebene und Volksfreunde des Peisistratos".

[74] Archont von 496/5.

[75] Aristot. Athen. Pol. 22. Megakles, Sohn des Hippokrates von Alopeke.

[76] Aristoteles' Definition von Demokratie lautet: Alle Ämter werden aus allen besetzt, alle herrschen über jeden und jeder abwechslungsweise über alle. Politik. 6. 2.131a

[77] Wie weit die Neueinteilung der Bevölkerung in Demen das Privatleben der Menschen betraf, ist nicht zu sagen, aber es wird sicherlich ein Gesprächsthema gewesen sein, das der jungen Generation klarmachte, daß gesellschaftliche Ordnungen nicht ewig halten. (Die von Phrearrioi und Sunion gehörten zur Küstentrittys von Leontis.) Vgl. Anm. oben.

[78] Plut. Kim. 10 "ziemlich aristokratisch und spartanisch"; 14; 15.2; 16.1.

dann zur Zeit des zweiten delisch-attischen Seebundes, der großen Tage eben des Kimon, wieder erstarken, als Themistokles bereits im persischen Exil lebte.

Für Athen hatte mit dem Ende der Tyrannis eine Epoche begonnen, die mit dem Spartanischen Ziel des status quo nicht zu vereinbaren war; die gesellschaftliche Struktur der Bevölkerung veränderte sich, neue Schichten verlangten nach Mitsprache und alte Institutionen verloren an Autorität.

Die Demokratie war in ganz Griechenland auf dem Vormarsch, hatte aber noch lange nicht endgültig gewonnen; es war weder klar, welche Ausprägung die Demokratie nehmen würde, noch, ob sie überhaupt von Bestand sein würde. In erster Linie war die Demokratie aber eine Bewegung, die gegen Tyrannenherrschaft und Oligarchie gerichtet war. Darin bestand der gemeinsame Nenner der Demokraten. Vieles mußte zwangsläufig unsicher bleiben.

Was dagegen vollkommen sicher zu sein schien, war der Aufstieg Athens als militärischer und ökonomischer Machtfaktor in der Region.

Eine wichtige Station auf dem Weg zur unabhängigen Großmacht war der Sieg über die vereinigten Spartaner, Boiotier und Chalkider im Jahr 507. In der Folgezeit wurden 4000 attische Kolonisten, Kleruchen, Losinhaber in Chalkis angesiedelt. Auch Argos, Spartas Erbfeind, wurde demokratisch.

Der Zerfall der alten Ordnung, die in Sparta mit allen Mitteln aufrechterhalten wurde, war in Athen schon in vollem Gange. Anders im Spartanischen Kosmos, der darauf ausgerichtet war, die messenische Urbevölkerung zu beherrschen, die elitäre Kriegerkaste der echten Spartiaten von den ebenfalls spartanischen Perioiken getrennt zu halten, selbst um den Preis, daß die Kampfkraft Spartas abnahm, weil immer weniger echte Spartaner das Heer bildeten, da sich die konservativen Führer strikt gegen jede Zulassung von Nichtvollspartiaten wendeten. Ihre Zahl nahm die gesamte Antike hindurch fast beständig ab,[79] bis Sparta in der Römerzeit nur noch unbedeutende Söldnerhaufen bilden konnte. Dennoch stellten sich die spartanischen Autoritäten strikt gegen jede Liberalisierung des Bürgerrechts; reines Geblütsrecht regelte das Gemeinwesen, die Mehrheit blieb außen vor. Deshalb mußte den spartanischen Anführern jede Veränderung des innergriechischen Staatenwesens als potentielle Gefährdung des spartanischen Kosmos und somit als Monstrosität überhaupt erscheinen. Wenn überhaupt, so sind es die Spartaner gewesen, die eine Art Ideologie vertraten und sich vehement gegen Realpolitik im Innern sperrten. Später, als

---

[79] Die Spartanerkönige leiteten ihre Abstammung von Herakles her; es gab seit Aristodemos zwei Linien, die der Agiaden (Leonidas, Gorgo, Pausanias) und die der Eurypontiden (Damaratos, Leotychidas).

Themistokles und Pausanias, ein vollkommen untypischer Lakedaimonier, panhellenische Pläne entwickelten und umzusetzen drohten, wußten eben diese konservativen
Kräfte äußerst wirkungsvoll dagegen vorzugehen. Sparta gelang es, sich der Neuerung zu verschließen und bezahlte dafür mit seinem Absinken, wobei die großen Tage Spartas im peloponnesischen Krieg nichts am Schicksal des Kriegerstaates ändern
konnten, sondern durch die Verluste den Niedergang noch beschleunigten.

In Athen sehen wir eine entgegengesetzte Entwicklung: Immer größere Teile der
Bevölkerung drängten erfolgreich in die Politik. Die Neugliederung der Bürgerschaft ermöglichte jedem Bürger der Stadt die Übernahme eines Amtes für eine gewisse Zeit. Wenn auch die tatsächliche Macht wohl nur innerhalb eines Kreises von
wenigen Familien lag, so wuchs doch das allgemeine Interesse und das Selbstbewußtsein der unteren Klassen ständig an, begünstigt von den verfassungsmäßig ver-
brieften Rechten.

Thukydides stellt den Gegensatz zwischen Athen und Sparta so dar:

*Eine kurze Zeit dauerte die Waffenbrüderschaft noch, aber dann entzweiten
sich Sparta und Athen und führten mit ihren Verbündeten Krieg gegeneinander, und wo sonst in Hellas eine Fehde ausbrach, schlossen sich die
Städte jetzt an diese, so daß sie die ganze Zeit von den Perserkriegen
bis zu diesem jetzigen (dem Peloponnesischen) im Wechsel von Waffenstill-
stand und Krieg, sei's gegeneinander, sei's gegen ihre abgefallenen Verbündeten, ihr Kriegswesen wohl ausbildeten (...) Dabei hielt Sparta seine
Verbündeten nicht abgabenpflichtig und sah nur darauf, daß überall ein
herrschender Adel in Spartas Sinn die Dinge lenkte, während Athen mit der
Zeit seinen Städten außer Chios und Lesbos die Schiffe wegnahm und allen
eine Abgabe in Geld zumaß. So war jeder der beiden Gegner für diesen
Krieg besser gerüstet, als sie je zur Zeit des lautersten Bündnisses in ge-
meinsamer Kraft geblüht hatten.*

So sah Thukydides den tiefsten Grund für den Ausbruch des Peloponnesischen Krieges im Wachstum Athens und dem Bemühen Spartas diesen Aufstieg zu bremsen.
Die Jugend des Themistokles und viel mehr noch die Zeit seines politischen Wirkens
fällt in die Epoche unmittelbar vor der Entzweiung. Alle wesentlichen Punkte sind
schon vorhanden, allein der gemeinsame Feind unterdrückte die Gegensätze noch,
die später in den Krieg führten. Themistokles' Erfolg bei Salamis und der Ausbau
der Athener Seemacht halfen, die persische Gefahr zu überstehen, so daß der Streit
der beiden stärksten Sieger nun um so stärker ausbrechen konnte.

Das politische Athen der Zeit als Themistokles zum Archont gewählt wurde (493/2), stand noch immer unter dem Schock, den die Zerstörung Milets ausgelöst hatte und mit der der ionische Aufstand sein Ende gefunden hatte.[80] Die politischen Fraktionen, die später deutlich hervortreten sollten, waren bereits ausgebildet; Tyrannenfreunde, Anhänger des alten Adelsstaates und Demokraten, die den Umsturz von 510 bewirkt hatten, stellten die einflußreichsten Strömungen dar. Themistokles' Sympathie gehörte den letzteren.[81] Das ist auch mit der panhellenischen Tendenz dieser Zeit in Einklang zu bringen, denn die Demokraten waren immer bestrebt gewesen, ihre Staatsform auch in möglichst vielen anderen Bürgerschaften einzuführen. Eine Tendenz, die zum Beispiel die Tyrannis nicht haben mußte, denn diese versuchte, immer weitere Teile sich selbst einzuverleiben und nicht andere Staaten dazu zu bewegen, ebenfalls Tyrannis zu werden, während für die Demokratie jede andere Staatsform bereits an sich eine Gefahr darstellt. "Demokratie" und "Panhellenismus" sind wesentliche Begriffe, die für das Verständnis themistokleischer Politik notwendig sind.

In seiner Amtszeit als Archont setzte Themistokles, ein Akt größter Wichtigkeit, den Ausbau des Piraeus zur Festung durch, also schon zu einer Zeit als Athens Flotte noch eine untergeordnete Rolle spielte. Der Ausbau des Piraeus zu einem bedeutenden Militärhafen war möglicherweise schon gegen Persien, sicherlich aber gegen Aigina gerichtet, eine Athen vorgelagerte, konkurrierende Insel mit erheblicher ökonomischer Potenz[82] und einer mächtigen Flotte, die derjenigen Athens zunächst weit überlegen war.

Noch im Krieg gegen Aigina 487 mußten sich die Athener an die Stadt Korinth mit der Bitte wenden, ihnen 20 Schiffe zur Unterstützung zu entsenden. Später erst, als die reichen Silbervorkommen in Laurion am Kap von Sunion erschlossen wurden, konnte eine eigene umfangreiche Flotte finanziert werden, die allerdings dann auch in Verbindung mit dem Festungshafen Piraeus wenigstens innerhalb der griechischen Militärwelt zu einer unbezwingbaren Macht wurde.[83]

---

80 Vgl. die Uraufführung des 'Fall von Milet' von Phrynichos.

81 Plut. Kim. 10.

82 Das aiginetische Maß- und Münzsystem war in ganz Griechenland bestimmend; der Reichtum der Insel fußte u.a. auf dem Handel mit Weizen. Herodot (5, 81) berichtet von einem 'nicht erklärten Krieg der Aigineten gegen die Athener', was bedeutet, als daß die beiden Städte gegeneinander einen Handelskrieg führten und dabei Piraterie übten.

83 Herodot 7.144. Plut. Them. 4. und Nepos Them. 2.2. Rhodes, 278. über die Lage der Minen und die Herkunft der Lykomiden nord-westlich der Gruben.

Ein weiterer Grund neben dem Konflikt mit den Nachbarn sprach für befestigte Hafenanlagen, nämlich die Bauweise der modernen Trieren, die anders als die traditionellen Fünzigruderer mit offenem Verdeck erheblich mehr Wartung verlangten und nicht einfach an Land gezogen werden konnten.[84]

Eine Triere war eine Art Segelschiff, das zusätzlich zu zwei oder drei Segeln über Deck drei übereinander angeordnete Reihen von Rudern auf jeder Seite verfügte.[85] Die obersten Ruder waren die längsten, was eine Hebelkonstruktion nötig machte, die für ein günstiges Verhältnis der Kraftübertragung auf das Wasser sorgte. Auf relativ engem Raum saßen also dreimal so viele Ruderer wie in einem Fünzigruderer. Durch die geringere Länge wurden die Trieren wendig, durch die hohe Zahl der Ruderer schnell und stark im Rammangriff. Die Ruderer saßen alle unter Deck, also geschützt, vermutlich auf beweglichen, vielleicht geölten, Kissen festgeschnallt, so daß sie bei jedem Ruderschlag die Kraft ihrer Beine hineinlegen und die Länge des einzelnen Schlages verlängern konnten, wenn sie mit dem Kissen nach hinten glitten, ganz wie bei modernen Ruderbooten. Oben auf dem Deck gab es genügend Raum für Schützen, Schleuderer und andere Kämpfer.

Vorne am Bug saß unter den beiden aufgemalten schwarzen Augen ein Rammsporn aus Eisen, mit dessen Wucht man versuchte, gegnerische Schiffe leckzuschlagen. Ebenfalls nach vorne gerichtet war eine hohe Brustwehr mit Schießscharten, durch die lange Stangen geführt werden konnten, wenn das eigene Schiff nach dem Rammstoß aus der Verkeilung mit dem anderen Schiff zu lösen war; in dieser Technik bestand die Hauptangriffsmöglichkeit antiker Schiffe. Erst die römische Erfindung der Enterbrücke gegen die Feinde aus Karthago machte den massiven Einsatz von Schwerbewaffneten sinnvoll. Die Seeschlacht von Salamis wurde durch die Wucht der Rammsporne entschieden.[86] Es blieb also relativ wenig Raum für ritterliche Treffen von Mann gegen Mann, wie Homer sie beschreibt. Aus diesem Grund stand die Aristokratie dem neuen Kriegsmittel zunächst ablehnend gegenüber: Es gab keinen wirkungsvollen Unterschied mehr zwischen dem Adligen und dem Kämpfer der niederen Schichten, der zu wenig Geld für Brustpanzer und Beinschienen hatte, wenn die teure Rüstung plötzlich keine Rolle spielte. Der Kampf mit Trieren war

---

[84] Papastavrou, 20.

[85] Kiellänge: knapp 40 m, nach vorne mit Bronze verstärkt als 3 m langer Rammsporn. Max. Geschwindigkeit: 10 Knoten (ca. 18km/h) in 30 Sekunden für max. 10 Minuten, Reichweite ca. 350 km; Besatzung: 170 Mann davon Ruderer: 54 unten, 54, mitte, 52 oben.

[86] Berve, Inschrift, S. 16.

zutiefst demokratisch in seinen Auswirkungen auf die Leistungen und das daraus entstehende Ansehen der Krieger.

Die Trieren waren aufgrund ihrer aufwendigeren Bauweise anfälliger für Windschäden als die billigeren und leichter instandzusetzenden traditionellen Schiffe, wie sie die Helden des Mythos, etwa die Argonauten verwendet hatten. Zudem ließen sich die Trieren ausschließlich für militärische Zwecke verwenden.[87]
(1987, als John S. Morrison und John F. Coates das sogenannte "Trierenrätsel" gelöst hatten (neue Ausgrabungen und Funde hatten wesentliche Fragen der Bauweise beantwortet), wurde unter ihrer Leitung der Nachbau einer antiken Triere begonnen. Das Marineministerium und das Kultusministerium Griechenlands finanzierten den Bau, der damals umgerechnet etwa 2 Mio. DM kostete. Das Schiff war 35 m lang, 5,45 m breit und wurde von 170 Ruderern bemannt. Das erfolgreichste Kriegsschiff des Altertums ist damit nun tatsächlich in die Gegenwart zurückgeholt worden. Zu besonderen Anlässen kreuzen heute wieder Trieren vor dem Piraeus.)

Die Anlagen der Hafenmauern, wie sie nach der Zerstörung ab 479 gegen den Willen der Spartaner[88] wieder entstanden, müssen sehr eindrucksvoll gewesen sein - ein Trost für Themistokles, dessen Werk von den Persern zerstört worden war. Die Mauern waren so breit, daß zwei einander entgegenkommende Karren darauf aneinander vorbeifahren konnten. Die Mauer selbst bestand aus massiven Gesteinsquadern, die von außen mit Eisen und Blei verplombt waren.[89]
Des weiteren war eine so umfangreiche Anlage, die erst gegen Ende der sechziger Jahre mit dem Bau der phalerischen Mauer ihren Abschluß fand, leicht von einer kleinen Anzahl auch älterer Männer zu verteidigen, so daß das Gros der waffenfähigen jungen Männer für den Einsatz zur See freistand.
Ein befestigter Militärhafen bedeutete aber auch, daß Athens Rolle als Landmacht Veränderungen erfahren mußte. Die bis dahin wichtigste Waffe waren die Hopliteneinheiten, schwerbewaffnete Infanterie, die nach den Maßgaben des Kleisthenes organisiert waren.[90] Hierin lag auch die politische Bedeutung derer, die wohlhabend

---

[87] Quinn, 31. Die alten Pentekonteren glichen eher den Drachenschiffen der späteren Vikinger. 50 Helden bemannten die Ruder, je zwei auf einer Bank. Die Breite betrug maximal 3 Meter, während die Länge zwischen 12 und 30 Metern lag. Der Mastbaum konnte umgelegt werden. Ab ca. 800 v. Chr. hatten die Schiffe ein Deck.
[88] Bengtson, 160.
[89] Thuk. I. 93. 5.
[90] Finley, Democracy, 45. über den kärglichen Lohn der selbstausrüstenden Hopliten.

genug waren, für eine Kampfausrüstung aufzukommen, denn erstens waren die Hopliten als Verteidiger der Athenischen Demokratie innerhalb Griechenlands, wie zuletzt gegen die Chalkider[91] und Spartaner, unverzichtbares Element der Landmacht Athen, und zweitens, weil durch die Bedeutung eben der Hopliten diejenigen Teile der Bevölkerung politisch bedeutsam waren, die die Hopliten stellten. Die unteren Schichten, Theten und Zeugiten waren von dieser Möglichkeit zu militärischer und politischer Einflußnahme und nicht zu vergessen, dem Ruhm in starkem Maße ausgeschlossen.[92]

Eine Flotte aber mußte sich auch aus den unterprivilegierten Schichten rekrutieren, weil eine große Anzahl von Ruderern benötigt wurde. Damit konnten weite Teile des Demos in die Politik einbezogen werden, die aufgrund ihrer geringen militärischen Bedeutung bis zu dieser Zeit nur eine geringe politische Bedeutung erlangen konnten.[93]

Wie bereits erwähnt, war es Themistokles nicht möglich, wie etwa Aristeides, auf den Einfluß einer wichtigen Familie zurückzugreifen. Er war politisch von der Ekklesia, der Volksversammlung, abhängig, die, je größer sie war, desto eher auch ein Instrument gegen konservative, aristokratische Landmachtpolitik sein konnte. In anderen Worten, der Bau einer Flotte bedeutete für Athen nach außen mehr Schlagkraft gegen überseeische Gegner und für die inneren Angelegenheiten eine Zunahme an Demokratie durch Integration der unteren Schichten, aber auch ein Machtverlust für die wohlhabenderen Teile der Bevölkerung.

Mit der Befestigung des Piraeus also orientierte sich Athen bereits vor Marathon, einem Triumph der attischen Hopliten, um und wandte sich der See zu. Themistokles profitierte von dieser Veränderung.[94]

In dieser Zeit errang Themistokles einen seiner großen diplomatischen Erfolge: Weil Athen der Insel Aigina militärisch nicht allein beikommen konnte, und wirtschaftlich sogar unterlegen war, klagte Themistokles die Aigineten bei den Spartanern des Verrats an und beschuldigte sie, dem persischen Großkönig Erde und Was-

---

[91] - Im Konflikt mit Aigina. Trotz der Siege zu Land konnte der entscheidende Schlag gegen den Hauptwidersacher auf der Insel mangels einer Flotte nicht geführt werden.

[92] Aristot. Athen. Pol. 26. Erst 457 wurde der erst zeugitische Archont gelost, Mnesitheides.

[93] Ebenso neu war der Gedanke, daß Kriegsschiffe Eigentum des Staates sein sollten. Bis dahin nämlich hatte Athens Flotte aus Naukrarien bestanden, Vereinigungen privater Besitzer von Schiffen, die ebenso wie Besitzer von Pferden oder Rüstungen eben als Privatleute anzusehen waren und sich in dieser Form am Krieg beteiligten.

[94] Auch Aristeides setzte sich für den Hafenbau ein, aber sicherlich nicht aus den gleichen Gründen wie Themistokles. Aristot. Athen. Pol. 23.

ser als Zeichen der Unterwerfung übersandt zu haben, eine Handlung, die Athen übrigens selber bereits vollzogen hatte, doch diese Untertänigkeit war inzwischen wieder unnötig geworden und wurde somit als nichtig erachtet. Wichtiger war nun der Streit mit dem wehrhaften und aggressiven Aigina.

Diese Anklage war äußerst geschickt gemacht, denn mit diesem Schritt erkannte Athen Spartas Vormachtstellung und Richterrolle an und befreite sich so aus der relativen Isolation in die die Stadt durch die Politik der Alkmeoniden nach dem Sturz der Tyrannis[95] geraten war, aber gleichzeitig, und das war der Geniestreich, gewann Athen auch Sicherheit vor der aiginetischen Aggression, denn die Geiseln, die Aigina der Schiedsmacht Sparta stellen mußte, wurden von Sparta wiederum an Athen ausgeliefert,[96] nachdem König Kleomenes, der Sohn des Anaxandridas von Sparta 493/2, dem Archontenjahr des Themistokles, einen Feldzug gegen Aigina unternommen hatte. Unter den Geiseln befand sich auch der aiginetische Anführer Krios, Sohn des Polykritos, was dem Geiselpfand zusätzliches Gewicht verlieh.

Athen und Sparta, die beiden bedeutendsten Städte und die einzigen, die sich angesichts der jüngsten persischen Forderungen prinzipiell gegen jede reelle Unterwerfung unter persische Hoheit gerichtet hatten, standen nun in freundschaftlicher Beziehung zueinander, was sich im kommenden Konflikt mit dem Großkönig auszahlen sollte.[97]

Zu Beginn seiner politischen Karriere schon, noch vor Marathon, legte Themistokles die Fundamente nicht nur für die eigenständige Bedeutung Athens als Stadt, sondern auch für die griechische Kooperation nach außen.

Doch in der folgenden Zeit trat Themistokles zunächst an Bedeutung zurück. Miltiades, der Sieger von Marathon, wurde zur bestimmenden Gestalt der Athenischen Demokratie.[98] Themistokles, der an dieser Schlacht als Anführer seines Stammes der Leontiden teilnahm,[99] neidete Miltiades, seinen Erfolg. Als Miltiades dann verletzt von seiner Expedition nach Paros zurückkehrte und wegen seines Versagens verurteilt wurde, standen dann wieder Themistokles und Aristeides an erster Stelle.[100] Der Konflikt zwischen ihnen gewann an Schärfe, denn ein Athener Politiker dieser Zeit

---

[95] Green, 6: "a remarkable family of aristocratic opportunists"
[96] was pelponnesischem Bundesrecht entsprach.
[97] Papastavrou, 23: "Das ist die größte Leistung des Themistokles im Dienste des Vaterlandes gewesen."
[98] Finley, Democracy, 35
[99] Plut. Arist. 5. Vgl. Papastavrou, 18.
[100] Aristot. Athen. Pol. 28,2 und Krause, 123 für die Zusammenarbeit zwischen Aristeides und Themistokles trotz aller Konflikte. Auf sie geht das Amt des Finanzverwalters zurück, der als zentrale Instanz die Oberaufsicht über alle Einnahmen und Ausgaben des Staates innehatte.

konnte nur bestehen, wenn er immerwährend Erfolge vorzuweisen hatte, sei es als Feldherr oder als Redner in der Volksversammlung. In Zeiten des Friedens waren Auseinandersetzungen zwischen den Parteien daher der einzige Weg, sich zu profilieren. Ein Mittel des Parteienkampfes war das Tonscherbengericht, der Ostrakismos, mit dessen Hilfe man prominente Bürger weniger für vergangene Vergehen mit Verbannung bestrafte, sondern vielmehr diejenigen ausschaltete, die womöglich in Zukunft eine Gefahr für die Demokratie sein würden. Plutarch überliefert einen Ausspruch des Themistokles, der den Charakter solcher Parteien, aber auch die Einstellung dem politischen Gegner gegenüber kennzeichnet. Es heißt da: "Niemals möchte ich auf einem Richterstuhl sitzen, vor dem meine Freunde nicht mehr gelten sollten als Fremde."[101]

Nach und nach wurden die Anführer der Alkmeoniden und die Anhänger des Aristeides aus Athen verbannt, nach Hipparchos zunächst Megakles,[102] der wegen seiner Verbindungen mit den Peisistratiden unter Verdacht der Tyrannenfreundschaft geraten war im Jahr 486/5, im Jahr darauf wegen eines ähnlichen Verdachts Kallixeinos, ein Jahr später Xanthippos und ebenso, dann Aristeides im Jahr 483/2. [103] Die mächtigsten politischen Gruppierungen verloren ihre wichtigsten Vertreter, während die Partei des Themistokles allein immer größeres Gewicht gewann und ihre Rolle in der Volksversammlung einen beherrschenden Charakter annahm. Dem weiteren Ausbau seiner Pläne standen Themistokles nun kaum noch nennenswerte Kontrahenten entgegen.[104]

Der Ostrakismos ist nicht nur eine aufschlußreiche Institution, die uns die Athener Konzeption von Demokratie verständlich macht; Funde von Tonscherben, Ostraka, geben uns auch Auskunft über politisch relevante Personen selbst. Je mehr Ostraka auf einen Namen entfallen, desto wichtiger muß der Träger dieses Namens in der Zeit der Abstimmung gewesen sein, denn unwichtige Personen mußten nicht extra verbannt werden. Häufig findet man Ostraka in Gruppen, das heißt, als Ansammlungen von Scherben an den Orten, an denen die Bürgerschaft eine Ostrakaphoria abgehalten haben mag. Dabei ist es immer möglich, daß Wasser oder andere äußere Einflüsse jüngere Scherben hinzugespült haben. In der Regel aber kann man die Grup-

---

[101] Plut. Arist. 2.5

[102] Aristot, Athen. Pol. 22. der Alkmeonide Megakles war ein Schwager des Xanthippos.

[103] Themistokles selber aber fiel erst 470 dem Ostrakismos zum Opfer, zehn Jahre nach seinem Triumph von Salamis.

[104] Allerdings wurden unter dem Eindruck der persischen Invasion zwischen Juli 481 und Juli 480, unter dem Archonnat des Hypsichiches die Verbannten wieder zurückgeholt. Aristot. Athen. Pol. 22.

pen von Ostraka über die Zusamenstellung der eingeritzten Namen einigermaßen genau datieren, denn die Kombination der Namensträger in den einzelnen Abstimmung ist häufig bekannt. In mehreren gefunden Gruppen von Ostraka nun, die man in die Jahre zwischen Marathon und Salamis einzuordnen pflegt, entfallen auf den Namen Themistokles zwischen 26% (oder 15 Ostraka) im Jahr 487[105] und 75% (oder 244 Ostraka) aus dem Jahr 483 oder 482.[106] Die Prozentzahlen sagen leider nichts über die endgültige Abstimmung aus, so haben wir beispielsweise aus dem Jahr 484, als Xanthippos[107] ostrakisiert wurde nur 5 Scherben mit seinem Namen. Wenn also Schlüsse aus den Funden erlaubt sind, dann kann man in Verbindung mit den anderen uns zugänglichen Quellen sagen, daß Themistokles' politische Bedeutung noch vor Salamis in einer Weise zugenommen hat, die ihn dermaßen exponierte, daß der Ostrakismos eine ernste Gefahr darzustellen begann.

Neben der dieser Verschiebung des politischen Gewichts innerhalb der Stadt kam es, vielleicht auf Antrag des Themistokles, dessen politische Dominanz in dieser Zeit alle anderen Personen übertraf, zu einer weiteren Veränderung, was die politische Struktur der Ämter anging. Fritz Schachermeyr ordnet die Reform des Archontats eindeutig dem Themistokles zu: "Er konnte diesen kühnen Einsatz nur unternehmen, weil er ein unbedingtes Vertrauen besaß zu seiner magischen Kraft, das Volk dauernd in seinem Bann zu halten und Führer zu bleiben ganz ohne Amt, allein durch sein Auftreten in der Volksversammlung."[108] Es handelte sich dabei um folgende Neuerung:
Zuvor waren die Archonten durch Wahl bestimmt worden, ab dem Jahr 487/6 aber wurden sie aus 500 von den Bürgern vorgeschlagenen Kandidaten der ersten beiden Klassen ausgelost.[109] Diese Reform war insofern bedeutsam, als sie die bisherige Rolle der Archonten relativierte. Ein durch Los bestimmter Amtsträger konnte sich nicht mehr auf eine vergleichbare Autorität berufen, wie der Sieger eines umfassenden Wahlkampfes; die Kompetenz der Archonten nahm folglich ab und fortan hatten sie in erster Linie unwichtigere administrative Aufgaben zu erfüllen, während sich nun die 10 Strategen zu den eigentlichen Repräsentanten des Staates und Vertrauen-

---

[105] Die Datierung erfolgte hier über den Namen Hipparchos, der zu keinem späteren Zeitpunkt Kandidat gewesen sein konnte. Aristeides 10%; Xanthippos 9%.

[106] auf Aristeides entfielen 14%; auf Kallixeinos 84% und Hippokrates 68%.

[107] Archont und Stratege 479/8.

[108] Schachermeyr, Sieger, 45.

[109] Für die Ämter der 9 Archonten durften sich nun auch Angehörige der zweiten Klasse bewerben. Nach einer Vorwahl aus je 50 Kandidaten pro Deme wurde dann gelost.

spersonen der Bevölkerung entwickelten.[110] Mit dem Losverfahren des Archontats sank auch der Einfluß des Areopags, der sich aus ehemaligen Archonten zusammensetzte beträchtlich.

Die Volksversammlung hatte sich dadurch prominenten Einzelbürgern geöffnet, die selbst ohne Amt enormen Einfluß auf die politischen Vorgänge ausüben konnten. Diese Reform hatte das Staatswesen für die Demagogie, nicht für eine erneute Tyrannis anfällig gemacht, andererseits aber auch wesentliche Hindernisse auf dem Weg der Modernisierung beseitigt. Unter Perikles sollte dieser Prozeß seine exzessivste Ausprägung in der entfesselten Demokratie der Zeit finden.

Anders als ein Archont, der nach einem Amtsjahr sich entweder aus dem politischen Leben zurückziehen mußte oder als Mitglied des Areopags weiterhin tätig sein konnte, war ein Stratege nicht auf eine einmalige, einjährige Amtszeit beschränkt. Die Beschränkung der Amtszeit für Archonten aber war nur dann nicht von Nachteil, wenn von politisch kohärenten Familien immer neue Archonten gestellt wurden, so daß es letztlich gleichgültig war, welche Person das Amt besetzte, solange die sozialen Interessen in etwa gleich blieben, auch wenn die politischen Ziele sich vielleicht unterschieden, so etwa zur Zeit des Kleisthenes; ansonsten war die Amtszeit zu kurz, sowohl was die Möglichkeit, Erfahrung zu sammeln betraf, als auch was die Möglichkeit anging, über Jahre hinweg eine gezielte Politik zu verfolgen. Genau das aber war für die Pläne des Themistokles notwendig, denn der Ausbau einer Seemacht verlangte langfristigere Planung als ein Heer, das sich aus selbständigen, einzelnen Kriegern zusammensetzte, die sich nur für den Zweck von Feldzügen oder Manövern versammelten. Als Archont hatte ein Politiker ein Jahr Zeit für seine Pläne, als Stratege und Redner aber solange die Versammlung ihm zu folgen bereit war. Nach den Hopliten als militärische Machtbasis des landbesitzenden Adels wurde mit der Schwächung des Areopags nun auch ein rein politisches Fundament aristokratischen Einflusses entscheidend geschwächt.[111] Statt dessen gewann die Politik einen populistischen Zug. Auch davon profitierte Themistokles, genauso wie seine Anhänger unter den Theten und Zeugiten.

Mit diesen hier skizzierten Veränderungen der Verfassung und der sozialen Struktur legte Themistokleische Politik die Grundlagen für die Oberherrschaft Athens und

---

[110] Papastavrou, 33, 34. Ein Stratege pro Stamm als: "Demagoge" - in der ursprünglichen positiven Bedeutung des Wortes.

[111] Diese Entwicklung erfuhr nach dem persischen Krieg noch einmal einen Rückschlag, als die Adelsparteien wieder an Einfluß gewannen, doch auf längere Sicht setzte sich die Demokratisierung durch. Aristot, Athen. Pol. 23.1.

den Dualismus zu Sparta noch vor den Perserkriegen;[112] im Peloponnesischen Krieg brachen die Wirkungen seiner Politik dann in aller Stärke hervor.

Finanziert wurde der Flottenbau durch die Einnahmen aus den Silber-, Blei- und Kupfervorkommen von Laurion und Maroneia, [113] die sich den Athenern in den Jahren 483 und 482 entweder vollkommen oder teilweise neu erschlossen. Der Gewinn erlaubte den Bau von 100 Trieren, mit dem Ziel, in naher Zukunft noch weitere 100 zu bauen.[114]

Dieses Finanzierungsprogramm, das sogenannte "Seegesetz des Themistokles", hatte folgende Struktur:

Den hundert reichsten Athenern wurde jeweils ein Talent Silber zur Verfügung gestellt, mit der Auflage, davon eine Triere bauen zu lassen. Es handelte sich also um einen staatlichen Auftrag an Privatleute gegen ein festgesetztes Entgelt, das schon vor der Ausführung des Auftrages ausgezahlt werden konnte. War das Ergebnis dann zufriedenstellend, das heißt, war die Triere dann vollständig ausgerüstet, ging sie in den Besitz des Staats über. Andernfalls war der Kredit zurückzuzahlen.[115] Der Staat, der ja in erster Linie nicht eigenständiger Verwaltungsapparat war, sondern Zusammenspiel freier Bürger mit oder ohne Amt, entledigte sich somit geschickt der Aufgabe, die einzelnen Bauvorhaben selbst überwachen zu müssen. Solches Vorgehen war typisch für griechisches Staatsdenken, das Ausmaß und die Richtung allerdings waren neu.

Diese Neuerung ist in ihrer Bedeutung kaum zu überschätzen. Aus privaten Schiffseignern, die mit staatlicher Genehmigung in Friedenszeiten Handel, in Zeiten von Auseinandersetzungen Krieg führten, verwandelten sich in Investoren die lediglich den Bau der Flotte stützten und von den Eroberungen profitierten, aber auf den einzelnen Einsatz der Schiffe keinen weiteren Einfluß mehr hatten. Das Zeitalter der privaten Piraterie war zuende und wurde abgelöst durch ein modernes, staatlich verwaltetes Marinewesen.

---

112 Thuk. I. 93.4.

113 Aristot, Athen. Pol. 27.7 Herodot 7.144. und Papastavrou, 35. Die Minen waren schon länger in Betrieb, lediglich die Ausbeute nahm zu. Die Auskunft bei Nepos Them. 2.2, daß 10 Drachmen pro Mann ausbezahlt worden seien, ist unglaubwürdig und wohl eine anachronistische Doublette der sog." perikleischen Futterkrippe".

114 Papastavrou, 33 zu den unterschiedlichen Angaben bei Herodot 7.144 (200 Trieren) und Plut. Them. 4.2 (100 Trieren). Zu den Zahlen vgl. Berve, Inschrift, S. 20.

115 Aristot, Athen. Pol. 22.7. Plut. Kim. 12. Nach Aristoteles und Plutarch betrug die Ausbeute genug, um 100 Schiffe zu bauen, 1 Schiff pro Talent. Herodot berichtet von 50 Talenten, die 200 Schiffe finanziert hätten. Nepos dagegen berichtet über zweimal 100 Schiffe. Athen verfügte 489 über 70, 480 über 200 Schiffe. Rhodes, 278.

Mit den neuen Schiffen konnte man der alten Feindin Aigina mit ganz anderem Selbstbewußtsein entgegentreten. Auch war der eigene Handel von nun an wesentlich sicherer vor der Piraterie der übrigen Staaten.[116]

Thukydides schreibt ganz am Anfang seines Berichts, daß das Seeräuberwesen seit alters her nicht etwa als ehrlos betrachtet wurde:

> *Denn die ältesten Hellenen und auch die Barbaren an den Küsten des Festlandes (...) hatten kaum begonnen, mit Schiffen häufiger zueinander hinüberzufahren, als sie sich schon auf den Seeraub verlegten, wobei grade die tüchtigsten Männer sie anführten, zu eignem Gewinn und um Nahrung für die Schwachen. Sie überfielen unbefestigte Städte und offne Siedlungen und lebten so fast ganz vom Raub. Dies Werk brachte noch keine Schande, eher sogar Ruhm; das zeigen heute noch manche Stämme auf dem Festland, wo es ehrenvoll ist, sich darin auszuzeichnen, und die älteren Dichter, bei denen die Frage an Landende immer gleich lautet, ob sie Seeräuber seien, ohne daß die Befragten beleidigt wären.*[117]

Nun aber trat der Staat an die Stelle der Privatunternehmer, was nicht heißen soll, daß der Piraterie damit ein Ende gemacht worden wäre; vielmehr wurde aus ihr Seemachtspolitik, staatliche Piraterie in größtem Umfang. Noch aber gehörte Athen dem Peloponnesischen Bund an; die große Entzweiung mit Sparta - und damit die volle Entfaltung der Seemachtspolitik - entflammte erst nach dem Befreiungskampf gegen die Perser.

Wir sehen eine für die Griechen denkbar günstige Phase vor uns, während derer einmal besondere Glücksfälle, wie die Entdeckung der Silbervorkommen, der Tod des Dareios, der ägyptische Aufstand und dann aber besondere Leistungen der Athenischen Politik, wie die Befestigung des Piraeus und das Seegesetz des Themistokles in einer Weise zusammenwirkten, die den Verlauf der europäischen Geschichte maßgeblich beeinflußten.[118] Auf der anderen Seite des Meeres, in Kleinasien, lag jedoch die persische Großmacht bereit, nach Europa hinüberzuspringen.

---

[116] Herodot. 7. 144.1. Plut.Them. 4.1. Thuk. I. 14.3. Lenardon 401-5. Balcer, 232. und Fornara, 534ff.
[117] Thuk I. 5.
[118] Bengtson, 139.

5.   Persien

Gesetz kann es auch sein, dem Willen eines Mannes zu gehorchen[119]

Die Perser, wie so viele Völker der Vorzeit, haben eine durchaus unklare Vorge-schichte. Die Quellen fließen sehr spärlich. Sie waren jedoch ein nomadisches Hir-tenvolk, wie die Meder und Parther. Ihre Wanderung führte sie in das damals bereits uralte Reich von Elam, wo sie schließlich blieben.[120] Der Kontakt zwischen den nun siedelnden Nomaden und den ansässigen Stadtbewohnern von Elam scheint nicht allzu eng gewesen zu sein.

In den Auseinandersetzungen mit den Assyrern im achten Jahrhundert[121] und dem Niedergang des assyrischen Reiches nach dem Tod Assurbanipals 627 gewann der jahrhundertealte Streit zwischen Babyloniern, Elamiten und Assyrern einen neuen Kontrahenten, als die Meder 612 Niniveh zerstörten. Aber noch waren die Meder, wie die Griechen bald schon verallgemeinernd alle kleinasiatischen Völker benann-ten, nicht in einem territorialen Reich vereint, noch waren die alten nomadischen Organisationsformen vorherrschend. Das zu erreichen, die marodierenden und un-disziplinierbaren Clans zu vereinen, um ein Imperium mit nahezu perfekter Ver-waltung zu begründen, sollte die bedeutendste Leistung von Kyros dem Großen, dem Perser, darstellen.[122]

Innerhalb kurzer Zeit unterwarfen Kyros' II. von Anschans (559-529) Truppen alle wesentlichen Machtzentren zwischen der Ägäis[123] und dem Indus, dem Kaukasus im Norden und dem persischen Golf im Süden. Hyrkanien, Armenien und Kappado-kien, Lydien, Babylonien, Elam und andere Reiche fielen der Reihe nach unter seine Herrschaft. Alle diese Völker und Kulturen wurden mehr oder minder zwangsweise in das zentralistisch geformte Reich eingefügt, so daß zumindest zu diesem Zeit-punkt der verallgemeinernde Begriff "Meder" eine gewisse Rechtfertigung erfuhr, nicht zuletzt auch deshalb, weil persische Heerführer seit Kyros medische Tracht trugen.

---

[119] Heraklit 120.

[120] Koch, 7.

[121] Salmanassar III. erwähnt in seinen Annalen 843 ein Volk, das sich "Parsa" nannte, der Name hat bis heute über-lebt.

[122] Balcer, 47.

[123] Thuk. I. 16.

Man muß sich dieses Reich trotz der starken Zentralautorität nicht als harmonisch oder gar monolithisch vorstellen, sondern als ein enormes Staatsgebilde, dessen auseinanderstrebende Teile mit Gewalt zusammengehalten werden mußten. Rebellionen und Aufstände, Abfallversuche in den Provinzen und Bündnisse der eigenen Untertanen mit feindlichen Staaten waren Fragen der Tagespolitik.

Aber das Reich dehnte sich ungeachtet aller bereits bestehender Probleme weiter und weiter aus. Der sagenumwobene König Kroisos von Lydien hatte erst selber begonnen, Ionien unter sein Zepter zu bringen,[124] mußte sich aber den zunächst noch unterlegenen Truppen und der Einkreisungstaktik der Perser schließlich doch unterwerfen. Die von Kroisos eroberten Griechenstädte aber, die sich endlich hatten ergeben müssen, galten den Persern fortan als Abtrünnige von der Krone und als Feinde. Milet als einzige Polis der Kleinasiatischen Griechenstädte unterwarf sich Kyros und entging auf diese Weise der Knechtschaft, was als tragisch empfunden kann, wenn man daran denkt, daß Milet später von den Persern zur Bestrafung vollkommen zerstört wurde, da Milet am längsten am späteren ionischen Aufstand festgehalten hatte. Dieser Umstand zeigt noch jenen, für die Epoche charakteristischen Punkt auf, nämlich die Abwesenheit von Ideologie in der Politik, oder, wenn man so will, die pragmatische und ständige Neuorientierung innerhalb und außerhalb von Bündnissystemen.[125]

Die Perser ihrerseits hatten von der ausgedehnten Infrastruktur Milets profitiert und wichtige Handels- und Militärstützpunkte hinzugewonnen.[126] Der Vertrag zwischen Milet und dem Großkönig trug daher im Endeffekt eher die Züge einer gegenseitigen Anerkennung als einer unbedingten Unterwerfung des Kleinen unter die Gewalt des Großen. Milet kann in dieser Zeit als weitgehend selbständig, sogar autonom betrachtet werden, was seinen Grund auch darin finden mag, daß es für die weit entfernte Zentralgewalt günstiger war, wenn so wenige Provinzen wie möglich unter einem harten Regiment gehalten werden mußten: freiwillige Zusammenarbeit zahlte sich besser aus.

Die anderen ionischen Städte, die von keinen Privilegien profitierten dagegen, rüsteten sich zum Aufstand. Sie wandten sich an Sparta mit der Bitte um Hilfe, was die Spartaner aber, realistisch genug, ablehnten. Immerhin entsandten die Spartaner

---

[124] Herodot, 1. 74.4.
[125] Eine andere Meinung vertritt, wie so häufig, Green, 3/4. Er verteidigt auch die Neutralen von 480 gegen die seiner Ansicht nach größenwahnsinnigen Symmachoi.

ein Schiff, um das Vorgehen Kyros' zu beobachten.[126] Die spartanischen Gesandten erklärten gegenüber dem persischen Hof ihre Entschlossenheit, Kyros hart zu bestrafen, für den Fall, daß er die Ionischen Städte attackieren sollte. Herodot berichtet, daß Kyros diese Warnung als groteske, lächerliche Kriegserklärung auffaßte. Zum besseren Verständnis dieser diplomatischen Konfrontation, muß man sich die Größenverhältnisse der beiden Staaten, Sparta und Persien, auf der Karte ansehen. Aber vorerst ergab sich kein neuer Krieg in Kleinasien. Kyros' Aufmerksamkeit wandte sich wieder dem Osten zu, Babylon, das er 539 eroberte, und dem Norden, dem Gebiet der für ihre Kriegslust berüchtigten Skythen.

Kyros selbst starb 529 bei Kämpfen im Ostiran gegen die Massageten. Im Norden wehrten sich die Skythen erfolgreich gegen die persischen Angreifer. Innerhalb einer Generation war ein Weltreich entstanden, das bis auf Ägypten und Griechenland etwa die gleiche Fläche abdeckte wie das Reich Alexanders des Großen fast genau 200 Jahre später. An diesen beiden Regionen aber, Ägypten und Griechenland, sollte das Perserreich scheitern, denn der große ägyptische Aufstand im Jahr 486[128] fiel zwischen die beiden mißlungenen Expeditionen gegen Griechenland.
Auf Kyros II. folgte Kambyses II.,[129] dessen erste Amtshandlung als König darin bestand, seinen Bruder Bardija zu ermorden, weil er befürchtete, daß dieser den Thron besteigen werde, sobald Kambyses als Befehlshaber eines seiner Heere im Feld stehen würde.
Kambyses II. (529 - 522) unternahm dann die Anstrengung, Ägypten in seine Gewalt zu bringen, seine Truppen drangen dabei siegreich bis in den nördlichen Sudan vor. Die Perserkönige waren fortan auch ägyptische Pharaonen; man rechnet sie der 27. Dynastie zu. Wie schon Neubabylon zuvor, wurde nun auch Ägypten unter der persischen Krone mit dem Kernland vereint; doch in Persien zettelte der Hochstapler Gaumata einen Aufstand an, während Kambyses am Nil kämpfte. Gaumata behauptete, der Bruder des Kambyses, Bardija, zu sein und den Mordanschlag überlebt zu

---

[126] Herodot, 1.22.4.
[127] Herodot, 1.152.
[128] Thuk I. 104. Der Anführer des Aufstandes, der Lybierkönig Inaros, wurde durch Verrat gefangengenommen und gepfählt. I. 110.
[129] Diodor. Frag. 14: "Kambyses war von Natur aus wahnsinnig und in seinem Denken gestört."

haben. Er senkte eigenmächtig Steuern und befreite weite Teile der Bevölkerung vom Wehrdienst, was ihm zu ungeheurer Popularität verhalf.[130]

Leider ist die Chronologie dieser Jahre mehr als ungewiß, und so kann über den Verlauf des Aufstandes und seiner Niederschlagung nur spekuliert werden.

Kambyses machte sich jedenfalls daran, die Zustände im Heimatland wieder zu ordnen, also auch den anderen Bardija aus dem Weg zu räumen; er starb jedoch auf der Durchreise, in Syrien, bevor er sein Ziel erreichen konnte. Große dynastische Unsicherheit war die Konsequenz. Die Auseinandersetzungen um die Nachfolge hielten etwa ein Jahr lang an, bis sich Dareios, der Sohn des Hystaspes, gegen Gaumata/Bardija durchsetzen konnte. Er tötete ihn im Jahr 522 und beendete die zähen restlichen Aufstände gegen seine Herrschaft. Dareios war, wie Kyros, ein Achaemenide, gehörte aber einer Nebenlinie an,[131] weshalb der Schluß naheliegt, daß nicht nur Gaumata/Bardija einen Staatsstreich unternehmen wollte, sondern auch Dareios die Macht unrechtmäßig an sich zu reißen versuchte; er war allerdings auf Dauer erfolgreich, vollendete das Werk Kyros' II. und schob die Grenzen des Reiches noch einmal um ein Beträchtliches hinaus. Zuerst aber hatte er 14 Aufstände der von ihm so genannten "Lügenkönige"[132] in 19 Regionen seines Reiches, an mehr als 25 Orten und Zeitpunkten niederzuwerfen.[133]

Dareios I. Hystaspes brachte Persien zu der kulturellen Blüte und militärischen Autorität, die das Achaemenidenreich für gut 200 Jahre zum wichtigsten Machtfaktor der antiken Welt machten. Er ließ eine neue Schriftart erstellen, 37 Zeichen einer Keilschrift, einer Mischung aus Alphabet und Silbenschrift, wie sie in semitischen Sprachen in anderer Form schon lange verwendet wurden.[134] Auch eine einheitliche Verwaltungssprache wurde unter Dareios eingeführt, das sogenannte Reichsaramäisch; Inschriften aber finden sich auch in einer neuen Keilschrift und auf elamisch, einer osttigrischen Kultursprache.

---

[130] Xenophon Cyr. 8.7.16. 8.2. Plutarch (Mor. Cyr. 1.) berichtet ferner über Kyros, daß er der beliebteste Perserkönig aller Zeiten gewesen sei, so sehr, daß man alle hakennasigen Männer besonders ehrte, weil Kyros ebenfalls hakennasig gewesen sei.

[131] Aeschylos. Pers. 765-77.

[132] Koch, 11.

[133] Balcer, 115. Kunde von der Hofhaltung Dareios' haben wir einem Zufall zu verdanken: 1933 wurden einige tausend Tontäfelchen in elamischer Sprache ausgegraben. Normalerweise blieben diese Tontäfelchen ungebrannt und hätten also die Zeit nicht überdauert, aber in diesem Fall waren es ungebrannte Täfelchen, die sich in einem Palast befunden hatten, den Alexander der Große niederbrennen ließ, wodurch die Dokumente (zufällig) doch gebrannt wurden und so die Zeit überstanden. Einem Akt der Zerstörung verdankt diese Quelle ihre Existenz. Vgl. Koch, 5.

[134] Diese Schrift wurde 1802 von dem Göttinger Lehrer Georg Friedrich Grotefend aufgrund einer Wette entziffert. Vgl. Koch, 21.

Er strukturierte die Verwaltung neu, richtete 20 Steuerdistrikte ein und vereinheitlichte die Zahlungsmittel, indem er den Dariskos, und Maßeinheiten im Dezimalsystem einführte. Die politischen Veränderungen seiner Amtszeit betrafen vor allem eine alte Institution, die Satrapien. Das waren untergeordnete Reiche des Feudalsystems, die im Kleinen das Gesamtreich widerspiegelten. Oftmals blieb die Herrschaft einer Satrapie für lange Zeit einer einzelnen Familie erhalten, wie etwa die daskylitische Satrapie, doch war das nicht zwingend. Die Satrapien entsprachen in ihrer Ausdehnung nicht den Steuerbezirken, sondern überschnitten sich mit ihnen, was die Autorität der einzelnen Satrapen begrenzte und die des Großkönigs stärkte. Sie waren zugleich Stütze und beständige Gefahr für die Zentralmacht in Persepolis.

Weitere Leistungen des Dareios bestanden im Aufbau eines Straßennetzes mit Poststationen über sein Reich von 5 Mio. Quadratkilometern Fläche und in der Errichtung der Monumentalbauten seiner Hauptstadt, an denen auch griechische Baumeister und Arbeiter mitwirkten.

Fast bis in unsere Zeit hat sich eine andere persische Erfindung gehalten, die Proskynese, der Kniefall, bei dem sich der Vasall seinem Lehnsherrn im Wortsinn unterwarf. Den Griechen muß solches ebenso fremd erschienen sein, wie den Persern ihrerseits die griechische Freiheitsliebe und die Gewohnheit, den staatlichen Autoritäten ebenbürtig entgegenzutreten, wie der Briefwechsel zwischen Xerxes und Leonidas, dem Spartaner unmittelbar vor der Schlacht an den Thermopylen zeigt.

Xerxes schrieb: "Wenn du dich nicht gegen Gott wendest, sondern dich an meine Seite stellst, wirst du der Alleinherrscher in Hellas werden."

König Leonidas soll geantwortet haben: "Verstündest du etwas von den edlen Dingen im Leben, dann würdest du nicht den Besitz anderer begehren. Für mich ist es besser, für Griechenland zu sterben, als über Männer meiner Rasse zu herrschen."

Dann schrieb Xerxes noch einen Brief: "Übergib mir deine Waffen!" und Leonidas antwortete lakonisch, also typisch spartanisch: "Komm, und hol sie dir!"

Es ist bemerkenswert, daß Leonidas, immerhin ein König, die Formulierung "zu herrschen" als negativ empfindet.[135] Die echten Spartaner sahen sich in erster Linie als gleichberechtigte freie Männer, egal, wie wohlhabend sie waren. Sie nannten sich "Die Gleichen" und handelten genauso; zwischen den Angehörigen der Spartanischen Elite gab es keine offiziellen Rangunterschiede.

---

135 Plut. Mor. Leonidas, 10. und 11. ("monarchein") Herodot 8.15. legt die Schlachten von Artemision und an den Thermopylen auf den gleichen Tag.

Eine solche Einstellung und Reaktion war für einen persischen Aristokraten nur schwer zu verstehen, vor allem, wenn er sehen mußte, wie vergleichsweise arm ein wohlhabender Spartiat war. Desgleichen wurde Themistokles in Kleinasien später vor jeder allzu stolzen Haltung vor dem Großkönig gewarnt. Doch anders als Leonidas, sah Themistokles keine Schwierigkeiten darin, dem Hofzeremoniell zu folgen, er mag es später sogar genossen haben, selber das Zeremoniell abzunehmen.

Die Größe seines Reiches und die unglaubliche Vielfältigkeit der Kulturen und Kulturstufen über die Dareios I. herrschte (er nannte sich u.a. "König des Universums, König der Länder aller Völker, Großkönig, König der vier Erdteile, König von Anschan, Babylon, Sumer und Akkad"), war schlicht ungeheuer; von den nomadischen Reitervölkern im Norden, bis zu den Numidern in Afrika zog sich sein Reich. Der sagenhafte Reichtum, der in seinen Schatzhäuser bereits gehortet wurde, hielt Dareios jedoch nicht davon ab, Grabfrevel zu begehen, um sich noch weiter zu bereichern. So soll er das Mausoleum der sagenumwobenen Babylonierkönigin Semiramis[136] aufgebrochen haben, auf dem eine Inschrift angebracht war, die besagte, daß jeder König, der in Geldnöten sei, gerne in das Gebäude eintreten könne und soviel er brauche entnehmen solle. Dareios folgte der Aufforderung ohne zu zögern und ließ den Zugang aufbrechen, aber ärgerlicherweise fand man innen nichts außer einer weiteren Inschrift:
"Wärest Du nicht ein schlechter Mensch mit unersättlicher Geldgier, so würdest du nicht die Ruhe der Toten stören!"[137]

Erwähnung verdient auch der Skythenzug des Dareios im Jahr 513, der als Präventivkrieg gegen die ständig drohenden und auch durchgeführten Überfälle dieses für Persien unberechenbaren Reitervolkes gedacht war. Dareios wollte durch den Sieg das gesamte Gebiet zwischen Donau und Kaspischem Meer unter seine Herrschaft zwingen. Das Schwarze Meer wäre somit persisches Binnenmeer geworden. Die Vorbereitungen waren entsprechend umfangreich. Eine gebrauchstüchtige Pontonbrücke aus Lastschiffen über den strömungsstarken Bosporus wurde errichtet, was eine hervorragende Ingenieurleistung darstellte. Ein gewaltiges Heeresaufgebot, darunter auch ionische Verbände, überschritt die Donau. Doch die Skythen verfolgten die Verteidigungstaktik, die Reitervölker immer schon angewendet haben: Sie zogen

---

[136] gest. vermutlich um 782.
[137] Plut. Mor. Semiramis.

sich ins Inland zurück und überließen das schwerfällige Heer den Strapazen eines endlosen Marsches, anstatt die Schlacht anzubieten. Das persische Aufgebot mußte kapitulieren und den Rückzug antreten.

Dennoch blieb die Expedition nicht ohne Erfolg: Südthrakien mit seinen reichen Goldvorkommen wurde annektiert.

Miltiades, der Tyrann der Chersones hatte die Ionier derzeit aufgefordert, die Bosporusbrücke zu zerstören, um das persische Heer zu einem weiteren Marsch zu zwingen, den es nicht überstanden hätte, aber man war seinem Rat nicht gefolgt. Darin ist eine Parallele zu der Expedition von 480 zu sehen, als Themistokles das abgeschnittene Landheer unter Mardonios von der persischen Basis isolieren und zu Lande vernichten wollte.

Auf die sich dem Skythenfeldzug anschließende erneute Erhebung der ionischen Inselstädte reagierte Dareios I. mit Strafexpeditionen. Zunächst unterwarf er die schwächeren Aufständischen, zuletzt das reiche Milet, wo er fürchterlich wütete; nicht einmal Heiligtümer, wie das der Kybele und des Apollon schonte er. Die Milesier wurden, wo nicht hingerichtet, geknechtet, verschleppt und am unteren Tigris wieder angesiedelt.

Zusammen mit einem Eretreischen Kontingent von 5 Schiffen hatten die Athener einen zunächst vielversprechenden Angriff auf das persische Imperium unternommen, um den Aufständischen zu helfen. Man war bis Sardes gelangt, wo in Folge der Kampfhandlungen das besagte Heiligtum der Kybele in Flammen aufging, laut Herodot ein Rechtfertigungsgrund für die Perser, die später ihrerseits in Hellas Tempel plünderten und niederbrannten. Mit der Schlacht von Ephesos jedoch endete das Athenische Engagement in Ionien, denn der Feind fügte den Griechen eine erhebliche Niederlage zu; die Athener überließen Ionien daraufhin seinem Schicksal.

Dieses Schicksal zog sich in die Länge, denn obwohl die Ionier auf lange Sicht keine Chance gegen den militärischen Koloß Persepolis hatten, erreichten sie es immer wieder erneut, dem Gegner Niederlagen zuzufügen, was das unvermeidliche Ende hinauszögerte, aber nicht abzustellen half. Am längsten behaupteten sich Karien und Milet.

Ebenso wie Themistokles den Athenern riet, nach Italien überzusiedeln, hat es auch in Milet Stimmen gegeben, die forderten, man solle die Heimat aufgeben und nach Sardinien, der größten Insel des Mittelmeers, wie man glaubte, auswandern.[138]

Dann unternahm der Großkönig eine weitere Strafaktion gegen die griechischen Mächte auf dem Festland, die mit der Schlacht von Marathon endete. Es war dieser Feldzug aus persischer Sicht tatsächlich eine Strafaktion in einer inneren Angelegenheit und kein Eroberungsfeldzug gegen ein fremdes Land, denn Athen hatte sich 507, nach dem Sturz des Tyrannen Hippias an den Großkönig mit der Bitte um Hilfe gewandt, als spartanische Kontingente, die zunächst als Befreier von der Tyrannei empfangen worden waren, sich in Attika festzusetzen drohten. Die attischen Gesandten hatten dem achaemenidischen Hof Wasser und Erde übersandt, als Zeichen der Vassallenschaft zu Lande und zur See. Völkerrechtlich gesehen, hatte sich Athen der Hegemonie Persiens unterstellt, womit jede Beteiligung Athens an Aufständen innerhalb Kleinasiens Hochverrat war und nicht feindliche Handlung eines fremden Staates.[139]

Wie streng man nun zwischen Eroberungsfeldzug gegen ganz Griechenland und Strafexpedition gegen die Abtrünnigen Vasallen zu unterscheiden hat, ist schwer zu sagen. Dareios war mit dem Ergebnis jedenfalls nicht zufrieden und bereitete eine weitere Invasion Griechenlands vor, doch er starb währenddessen. Sein Sohn Xerxes I. folgte ihm 486 auf den Thron. Es mag sein, daß der neue Herrscher, weil es sich nicht um eine eigene Niederlage, sondern um die seines Vorgängers handelte, nach Marathon die weitere Expansion des Persischen Reiches nach Westen zunächst der Sicherung seiner Macht in Persien, vor allem was den ägyptischen Aufstand betraf, hintanstellte.[140] Daß er aber dennoch den Plan hatte, ganz Griechenland zu erobern schildert Plutarch: Xerxes soll es abgelehnt haben, importierte Feigen aus Griechenland zu essen, jedenfalls solange, wie Feigen aus Griechenland noch ausländische Produkte waren.[141]

Auch er mußte zunächst Aufstände in Ägypten und Babylon gewaltsam beenden, bevor er das Werk seines Vaters in Hellas fortsetzen konnte, so wie ja Dareios das Werk seines Vorgängers Kyros in Ägypten und Makedonien fortgesetzt hatte. Dieser

---

[138] Herodot 1, 170.
[139] Herodot. 5. 96., Balcer 158.
[140] Schachermeyr, 48.
[141] Plut. Mor. Xerxes. 3., Herodot 7, 25 zum Thema Brückenbau als Ausdruck von Hybris und die Gelegenheit das persische Großreich bildhaft zu beschreiben, wenn alle seine Untertanen in den Krieg ziehen, s. Bichler, 324.

Marsch, noch gewaltiger als der erste, scheiterte ebenfalls, diesmal aber erst, nachdem man Athen zweimal erobert und geplündert hatte, also nach dem formalen Ziel des Unternehmens. In der Schlacht von Plataiai, nach Salamis zur See, wurde das persische Heer durch Pausanias zu Lande besiegt. Waren die Erfolge der zweiten Invasion ansehnlicher, so waren aber auch die Konsequenzen der Niederlage gravierender. Die Griechen hatten sich erfolgreich verteidigt und begannen nun ihrerseits, den Krieg in das Feindesland hineinzutragen. Die beiden Hauptpersonen dabei waren Themistokles und Kimon, dieser als Kommandant, jener als Wegbereiter der attischen Seehegemonie.

6. Marathon

Für das Gesetz soll das Volk kämpfen wie für seine Mauer[142]

Als der ionische Aufstand 493 endgültig zusammengebrochen war und der persische Satrap Artaphrenes die unterworfenen Städte einem gemäßigten Strafgericht unterzog, bestanden die Sanktionen hauptsächlich aus Neuordnungen und dem Verbot, untereinander Krieg zu führen. Die Tributzahlungen wurden nicht erhöht.[143] Möglicherweise standen diese Verordnungen in Einklang mit der Verwaltungsreform in Persien um 500, aber sicherlich ging es Artaphrenes um eine genaue geographische und ökonomische Bestimmung der Satrapie Jauna, wie die Perser Ionien nannten. Eine regelrechte Bestrafung fand außerhalb Milets nicht statt, wodurch die Persischen Befehlshaber Milde zeigten und die Untertanen nur umso fester an sich binden wollten.

Es ist interessant, daß auch nach der Niederschlagung des Aufstandes die alten Münzprägungen wiederaufgenommen wurden. Einmal bezeugt das die weiterbestehende, relative Eigenständigkeit der Satrapie Ionien, dann aber kann es auch als Zeichen dafür angesehen werden, daß kein kultureller Bruch in diesem Zeitraum anzusiedeln ist, wie er nach Eroberungen häufig zu beobachten ist. Das Ende des ionischen Aufstandes war gekommen, die Bestrafung der übrigen, attischen Aufständischen aber, Athen, noch nicht vollendet. Damit verband sich auf geradezu praktische Weise die Gelegenheit, Makedonien vollständig zu unterwerfen, das sich bislang in einer Art Halbabhängigkeit von Persien befunden hatte. 492 begann der durchaus erfolgreiche Zug des Mardonios; er eroberte alle Griechenstädte westlich von Doriskos, die Inseln Samothrake und Thasos; Eion am Strymon, wurde zur Festung ausgebaut. Erst erheblicher Verlust an Schiffen bei dem Versuch den Berg Athos zu umsegeln, bremste den Vorstoß, aber dennoch war die Expedition aus persischer Sicht bis dahin ein großartiger Erfolg, denn schon während sich das Heer des Mardonios vorläufig zurückzog, machten sich Herolde auf, um die Griechenstädte aufzufordern, sich zu unterwerfen. Fast alle, darunter Aigina, kamen dem Aufruf nach und übergaben den Herolden Erde und Wasser als Zeichen der Unterwerfung unter persische Feudalherrschaft.[144]

---

[142] Heraklit 121.
[143] Herodot 6. 42.2.
[144] Herodot 6. 48.

Sparta und Athen unterwarfen sich nicht, im Gegenteil: die persischen Herolde wurden mißhandelt und hingerichtet; in Athen auf Anregung des Miltiades, der einmal ein loyaler persischer Untertan gewesen war und dessen ältester Sohn Metiochos mit einer Perserin verheiratet war und in Persien lebte. Die persischen Herolde wurden in den Barathron geworfen, eine tiefe Grube, in die man verurteilte Verbrecher stieß.[145] Das war ein klarer Verstoß gegen geltendes Recht und überdies Frevel.

Eine erneute Strafexpedition war nun unvermeidbar geworden; anders als die übrigen Poleis konnten Athen und Sparta im Falle einer Niederlage kaum mit günstigen Konditionen rechnen, denn Sparta behandelte die Gesandten ebenfalls wider alles Völkerrecht, obwohl auch Spartaner am persischen Hof lebten, zum Beispiel der abgesetzte König Damaratos, der von Xerxes später für seine Teilnahme an der Expedition von 480 mit großzügigen Lehen bei Pergamon, Teuthrania Halisarna und Gambreion ausgestattet wurde.[146]

Das Kommando zur See wurde Datis, dem Meder, und Artaphrenes II. übertragen, deren Plan vorsah, Athen direkt vom Meer aus anzugreifen, aber zuvor Rhodos, Naxos und Eretria zu erobern. Die Bewohner dieser Städte sollten, so lautete der Auftrag ausdrücklich, als Sklaven vorgeführt werden. Diese Etappen waren nicht nur von politischer Bedeutung, sondern auch als Haltepunkte eines weitergehenden Transports notwendig, denn die große Zahl von Pferden, Kamelen und Eseln, sowie Proviant und Futter, Material und Waffen an Bord verringerte zwangsläufig die Zahl der Mannschaften pro Schiff.

Außerdem sollte Hippias, der vertriebene Tyrann Athens, mitgenommen und später wieder in seine alte Funktion eingesetzt werden. Die persische Überlegung zielte wohl in erster Linie darauf ab, Athen zu vernichten, vielleicht nach dem Vorbild Milets, aber für alle Fälle sollten doch die richtigen Politiker, oder zumindest deren Kinder, zur Hand sein, wenn es dann darum ging, einen eventuellen Neuaufbau zu steuern. Heer und Flotte setzten sich in Bewegung, Rhodos und Naxos fielen, dann Eretria. Die Perserflotte lief die Ebene von Marathon an, die sich für eine Landung hervorragend zu eignen schien. Die Zange würde sich immer weiter schließen.

In Athen beriet man noch, wie auf die Gefahr am besten zu reagieren sei. Miltiades plädierte für eine Offensive und gegen eine bloße Verteidigung der Stadt. Der berühmte Läufer Pheidippides überbrachte die Botschaft an die Spartaner; die sollten dazu gebracht werden, ebenfalls zu marschieren, aber man konnte nicht warten, bis

---

[145] Herodot. 7.133-4.
[146] Vgl. Balcer, 228.

sie eintreffen würden. Die Athener mußten, wenn sie Miltiades' Plan zu folgen bereit waren, ohne zu zögern losziehen. Sparta befand sich nicht erst seit dem Gesandtenmord im Kriegszustand mit Persien, sondern schon, man erinnert sich, seitdem eine spartanische Gesandtschaft 545 Kyros davor gewarnt hatte, Ionien zu überfallen, doch das war eher eine juristisch-technische Frage. Spartas Ephoren ließen die Athener wissen, daß das spartanische Heer erst nach den Karnäen, den Festspielen zu Ehren Apollons zu marschieren bereit sei, vorher mußte die heilige Waffenruhe eingehalten werden. Athen stand nun allein, von Plataiai, einer kleinen boiotischen Polis, einmal abgesehen.[147]

Mitte September kam es nach langem Warten zur Schlacht. Die Athener hatten die Ankunft der Spartaner abwarten wollen, die Perser den Umsturz in Athen, beides war ausgeblieben. Ob nun die Vorräte bedenklich knapp wurden oder ob die Perser Informationen vom Aufbruch der Spartaner erhielten, ist schwer zu sagen, jedenfalls griffen die Perser an, worauf die griechischen Hopliten reagierten, indem sie im Laufschritt auf die feindlichen Linien zustürmten.[148] Das brachte die persischen Bogenschützen um ihren Einsatz, denn der Nahkampf begann umgehend. Das Zentrum der griechischen Phalanx war schwächer als die Mitte der persischen Linie, und so mußte es zurückweichen, aber weil die griechischen Flügel umso stärker waren, konnten die Hopliten den Feind einschließen. Über den genauen Verlauf der Schlacht von Marathon weiß man wenig. Es ist vollkommen unsicher, welche Rolle die persische Reiterei gespielt haben mag, aber es gilt als ausgemacht, daß der Sieg der Griechen nicht voll ausgenutzt werden konnte, da es den Persern offenbar gelang, an einem kleinen Wasserlauf Widerstand zu leisten und einen Großteil der Truppe einzuschiffen.[149] Die Griechen vermochten lediglich, sieben Schiffe anzuzünden.[150]

Herodot berichtet von 192 Toten, darunter der Polemarch Kallimachos, auf griechischer und 6400 Toten auf persischer Seite, das ist ein sehr unglaubwürdiges Größenverhältnis, das in der Literatur immer bemängelt wird, aber mangels exakter Quellen nicht korrigiert werden kann.

Die persische Flotte segelte nun südwärts, um das Kap von Sunion zu umrunden und dann, dem ursprünglichen Plan entsprechend, Athen direkt zu attackieren, aber das

---

[147] Herodot 6.108.; 6.111.1 ; Thuk. 3.68.
[148] Herodot 6. 112.1.
[149] Bengtson, 136.

griechische Heer eilte ebenfalls nach Süden und stellte sich bei Kynosarges, dem Ort, an dem Themistokles in seiner Jugend Gymnastik betrieben hatte, zur erneuten Schlacht auf. Eine zweite Landung war unter diesen Umständen unmöglich geworden, die persische Flotte drehte ab und segelte nach Asien zurück.[151]

Marathon gilt als bedeutende Schlacht, aber weniger aufgrund ihrer direkten Konsequenzen auf dem Schlachtfeld - der besiegte Gegner wurde nicht vernichtet, im Gegenteil, er war in der Lage, sich zurückzuziehen und umgehend einen weiteren Angriff zu planen; es sind die psychologischen Folgen, die Marathon zu einem Sinnbild der westlichen Kultur gemacht haben. "Es war ein Sieg der besseren Athenischen Waffen und der überlegenen griechischen Taktik. Der moralische Auftrieb, den die Griechen - nicht nur die Athener - durch den Sieg empfangen haben ist kaum zu überschätzen", schreibt Hermann Bengtson, "Marathon ist unzertrennlich mit dem Namen des Miltiades verbunden, er ist der erste bedeutende Feldherr des Abendlandes. Er hat den entscheidenden Volksbeschluß herbeigeführt und er hat den Kallimachos bestimmt, die Schlacht anzunehmen."[152]

Für die Perser war Marathon nicht die Katastrophe, die die Griechen ihnen gegönnt hätten, denn der Zug des Mardonios konnte im Großen und Ganzen als Erfolg gewertet werden, ebenso die Siege über Rhodos, Naxos und Eretria. Allein das Ziel, Athen zu schleifen hatte man nicht erreicht. Daß das persische Expeditionsheer entscheidend geschlagen den Rückzug angetreten hätte, kann man daher nicht behaupten, ein unvollständiger Sieg allerdings war es für die Griechen auch nicht.

Hippias jedenfalls starb bei der Rückreise auf der Insel Lemnos, bevor er sein Ziel Sigeion erreichen konnte. Sein Tod mag für die Athener nicht weiter bemerkenswert gewesen sein, abgesehen, vielleicht von seinen direkten Anhängern, aber für die Mehrheit der Athener wird der Sieg von Marathon ebenso ein Sieg der Demokratie, der Isonomia gewesen sein, wie es ein Sieg der Freiheit war.

Auch Miltiades sollte die Schlacht nicht lange überleben. Er unternahm sofort nach der Schlacht im Auftrag der Athener eine Expedition gegen Paros, dessen Bewohner er des Medismos beschuldigte, vor allem freilich ein willkommener Grund, um die Insel auszuplündern. Während dieser Unternehmung zog er sich eine Verletzung zu,

---

[150] Herodot 6. 113 und Nepos Milt. 5.5.
[151] Herodot 6. 115-6.
[152] Bengtson, 136.

die ihm das Leben retten sollte, bevor sie ihn ins Grab brachte, denn die Athener stellten ihn nach seiner Heimkehr von dem erfolglosen Unternehmen vor Gericht und klagten ihn des Betruges am Volk und der Tyrannenherrschaft auf der Chersones an. Seine Verteidigung gegen den Vorwurf der Tyrannis baute er mit dem Argument auf, daß er ja nicht über freie Griechen, sondern nur über Barbaren geherrscht habe, die der Isonmonie nicht fähig seien. Seine Niederlage auf Paros aber konnte er nicht so einfach abtun; ein hartes Urteil wurde gefällt.

Miltiades wurde, krank und sterbend wie er war, nicht wie die persischen Gesandten zuvor, in den Barathron geworfen, sondern zu einer Zahlung von 50 Talenten verurteilt, für die sein Sohn Kimon aufkam.[153] Der Sieger von Marathon erlag kurze Zeit später seiner Verletzung. Die politische Bühne war wieder frei geworden und Themistokles trat nun erneut auf, diesmal als zentrale Figur. Plutarch berichtet, daß Themistokles nach dem Triumph des Miltiades sein lässiges Leben aufgab und auf erstaunte Nachfragen zu antworten pflegte: "Der Triumph des Miltiades läßt mich weder schlafen noch untätig sein."[154]

Er soll sich fortan beständig in Bereitschaft gehalten haben, weil er glaubte, daß Marathon nicht das Ende des Krieges sein würde, sondern der Anfang eines noch größeren, in dem er nicht nur eine, sondern die Hauptrolle zu spielen gedachte.

---

[153] Herodot 6. 132-6. Nepos. Milt. 7 und Platon Gorgias 516e. 1 attische Drachme = 4,37 Gramm; eine aiginetische Drachme = 6, 24 Gramm. Möglicherweise handelte es sich dabei nicht um eine Strafzahlung, sondern um eine Rückerstattung des geliehenen Betrages, der für die Ausrüstung der Expedition notwendig gewesen war.
[154] Plut. Mor. 1.

7.   Der Aufbau der Seemacht

In den wichtigsten Fragen wollen wir keine unüberlegten Folgerungen ziehen[155]

In seiner Amtszeit als Archont hatte Themistokles den Ausbau des Piraeus zum Kriegshafen durchgesetzt, also schon zu einer Zeit, als Athens Flotte in der internationalen Politik zwar noch eine untergeordnete Rolle spielte, Athen aber als zweitwichtigste Landmacht nach Sparta galt. Dieses Vorhaben war nicht neu. Um 510 hatte der Tyrann Hippias unter dem Eindruck der Ermordung seines Bruders Hipparchos damit begonnen, auf der Halbinsel Piraeus befestigte Anlagen zu errichten. Aristoteles berichtet, daß Hippias diese Festung als neuen Amtssitz zu nützen gedachte, aber seine Vertreibung machte diesen Plan zunichte.[156]

Später sollte auch Themistokles den Athenern vorschlagen, die Asty ganz aufzugeben und sich endgültig auf der Halbinsel niederzulassen, was den Bau der langen Mauern unnötig gemacht hätte.[157] Auch dieser Plan wurde bekanntlich niemals Wirklichkeit.

Bis dahin hatte die Bucht von Phaleron vollkommen ausgereicht, aber zu einem befestigten Kriegshafen mit Werften und Docks taugte das offene Gelände nicht. Im Jahr 490, unmittelbar nach der Schlacht von Marathon, ankerte eine persische Flottenabteilung direkt in der Bucht von Phaleron, kurz davor, einen weiteren Angriff auf Athen zu wagen. Zur Verteidigung konnte dieser Küstenabschnitt also nicht genutzt werden, im Gegenteil, er stellte mit seiner Offenheit eine Bedrohung der Sicherheit für die ganze Stadt dar.

Zu dieser Zeit war der Ausbau des Piraeus zwar schon im Gange, aber noch lange nicht vollendet, und als die Perser bei der Invasion Attikas 480/79 gründliche Zerstörungsarbeit geleistet hatten, muß das von großer Überzeugungskraft gewesen sein.[158]

Noch ein weiterer Grund sprach für befestigte Hafenanlagen, nämlich die Bauweise der modernen Trieren,[159] die anders als die traditionellen Fünfzigruderer mit offenem Deck erheblich mehr Wartung verlangten und, weil sie Kielboote waren, nicht einfach an Land gezogen werden konnten.

---

155 Heraklit 41
156 Aristot. Athen. Pol. 19.2.
157 Thuk. I. 93.3-7.
158 Herodot. 6.116.

Die Winterpause dauerte etwa 5 Monate. Bereits die herbstlichen Winde waren eine Gefahr für jedes Boot, das nicht geschützt lag. So gehörten also Hafen und Flotte untrennbar zusammen. Wollte man eine Flotte, mußte auch ein Hafen her und umgekehrt. Doch diese Kriegsflotte mitsamt Hafen, wie sie Themistokles vorschwebte, existierte noch nicht.

Der Ausbau des Piraeus zu einem bedeutenden Militärhafen kann aus heutiger Sicht klar als strategische Maßnahme gegen Persien gesehen werden; der Athener Bürgerschaft aber konnte die Notwendigkeit der erheblichen Arbeiten zunächst nur plausibel gemacht werden, indem man auf die feindliche Nähe Aiginas verwies: Als Athen eine demokratische Erhebung auf Aigina zum Erfolg bringen wollte, konnten die Athener nur wenige eigene Schiffe stellen.[160] Gegen die beständige Gefährdung durch die mächtige Nachbarin konnte man sich nur wirkungsvoll schützen, indem man ihr auf ihrem eigenen Gebiet begegnete: Der Seefahrt.

Später erst, als die reichen Silbervorkommen in Laurion am Kap von Sunion entdeckt wurden, konnte eine umfangreiche Flotte finanziert werden. Das war im Jahr 483/2. Üblicherweise wurden die Erträge solcher Erschließungen unter die Bevölkerung verteilt, aber Themistokles brachte einen anderen Vorschlag ein, der sich auch durchsetzte. Die 100 Talente in Silber sollten zum Bau einer Flotte von zunächst 100 Trieren verwendet werden.[161] Auch an diesem Beschluß, der sich gegen das Herkommen richtete, ist der gewaltige Einfluß abzulesen, den Themistokles auf die Versammlung ausüben konnte.

Die Anlagen der Hafenmauern müssen sehr eindrucksvoll gewesen sein. Lassen wir Thukydides für eine Weile zu Wort kommen, der die Mauer beschreibt, wie sie (nach Salamis) wieder aufgebaut wurde:

> *Themistokles bestimmte sie* [die Athener] *auch, den Rest aufzubauen - angefangen war dort schon früher unter seiner Leitung, zu der er Jahr um Jahr in Athen gewählt wurde -, denn er meinte, der Platz sei vorzüglich mit seinen drei natürlichen Häfen und werde ihnen, da sie nun Seefahrer geworden seien, zu großem Machtgewinn verhelfen (denn er gab zuerst den Rat, sich ganz aufs Meer zu verlegen); so war er von Anfang an dabei, den Grund zum Attischen Reich zu legen. Nach seinem Vorschlag bauten sie*

---

159 v. Eickstedt, 24. und 73. sowie Casson, 82. Dieses Maß basiert auf der Länge der Schiffshäuser im Piraeus.
160 Herodot. 1 5.97.3.
161 Aristot. Athen. Pol. 22.7. In den Bergwerken arbeiteten Sklaven unter unmenschlichen Bedingungen. Vgl. Laufer.

auch die Mauer so dick, wie sie heute noch zu sehen ist, am Piraeus, denn zwei Karren in entgegengesetzter Richtung führten die Blöcke zu und dazwischen war weder Bruchstein noch Lehm, sondern große, rechtwinklig geschnittene Quadern wurden dazwischengeschichtet und von außen mit Eisen und Blei miteinander verklammert. In der Höhe wurde etwa halb soviel erreicht, wie beabsichtigt war. Er wollte nämlich durch die Größe und Dicke den Feinden die Lust zum Angriff nehmen, und zum Schutz, meinte er, würden dann wenige Menschen, die untauglichsten, genug sein, und die übrigen könnten zur See dienen. An der Flotte war ihm alles gelegen, nachdem er gesehn, vermute ich, wie der Großkönig sein Heer auf Schiffen soviel leichter an den Feind gebracht hatte als auf dem Lande. So schien ihm auch der Piraeus nützlicher als die obere Stadt, so daß er den Athenern oft empfahl, wenn sie je zu Land der Gewalt erliegen sollten, müßten sie dort hinab ziehen und mit der Flotte aller Welt widerstehen.[162]

Plutarch sah darin eher die Anbindung Athens an seinen Hafen, und nicht die Anbindung eines Hafens an Athen, wie Aristophanes es in den Rittern geschildert hatte.[163] Man kann dieser subtilen Differenzierung zustimmen, vor allem, wenn man Athens weitere Entwicklung vor Augen hat, aber das setzt das Wissen der Nachgeschichte voraus, das die Zeitgenossen freilich nicht hatten. Zu Themistokles' Zeit war es höchst unsicher, was die Entscheidung, Seemacht zu werden, also die Entscheidung, von der Tradition Abschied zu nehmen mit sich bringen würde. Denn die Folgen würden nicht nur militärischer Natur sein.

Ein befestigter Militärhafen bedeutete ja, daß Athens Rolle als Landmacht Veränderungen erfahren mußte, denn Landmacht zu sein, hieß über Hopliten zu verfügen. Die politische Bedeutung derer, die wohlhabend genug waren, für eine Kampfausrüstung aufzukommen, wurde eben durch die zentrale Stellung im Heer garantiert. Wer im Heer wichtig war, der sollte es auch in der Politik sein.

Die unteren Schichten waren von dieser Möglichkeit zu militärischer und politischer Einflußnahme aufgrund ihres geringeren Einkommens ausgeschlossen, da sie nicht in der Lage waren eine teure Rüstung zu bezahlen. Diese Bedeutung des Krieges als Zugangsberechtigung zur Politik ist nur zu verstehen, wenn man sich an das agonale Prinzip erinnert, das Prinzip des guten Wettstreits, das aus dem Krieg eine erstrebenswerte Möglichkeit machte, sich vor anderen auszuzeichnen. Im Zeitalter der Massenvernichtungswaffen kann man eine solche Einstellung zum Krieg nur schwer

---

[162] Thuk. I. 93.3-7 Zur Kontroverse über die Möglichkeit und Geschichtlichkeit einer solchen Mauer, vgl. v. Eickstedt, 25 und Judeich, Topographie 148, Anm. 3 Der genaue Verlauf der Mauer ist nicht mehr rekonstruierbar. Judeichs Entwurf gilt allerdings als der wahrscheinlichste.
[163] Plut. Them. 19.4 und Aristoph. 1.815

begreifen, denn die Kämpfer dieser Tage waren keine Wehrpflichtigen für eine feste Zahl von Monaten, auch keine Berufssoldaten, sondern Bürger im Brustpanzer auf Abruf, denen es ein Privileg und eine Ehre war, als Hoplit kämpfen zu dürfen. Man kann also mit mehr Berechtigung von "Wehrrecht" als von "Wehrpflicht" sprechen, denn mit dem Kriegsdienst stieg und begründete sich das Ansehen eines Bürgers.

Aristoteles weist darauf hin, daß die Bevölkerung des Piraeus stärker demokratisch gesinnt war, als die Bewohner der Asty, der inneren Stadt.[164] Mit der Beteiligung dieser Bevölkerungsgruppe an wichtigen politischen Entscheidungen würde auch die gesamte Politik eine stärker demokratische Ausrichtung erfahren, was den Demokraten um Themistokles nur recht sein konnte und was den aristokratischen Politikern eine unliebsame Entwicklung sein mußte.[165]

Weltoffenheit und kulturelle Vielfalt sind für Hafenstädte jeder Epoche charakteristisch, der gesamte Überseehandel, Import, Export, die Flottenverwaltung, zahlreiche Fremde und Reisende nicht zu vergessen die Seeleute aus aller Welt, wehrpflichtige Epheben aus Athen,[166] sowie eine umtriebige Unterwelt - sie alle bestimmten das Wesen des Hafens. Obwohl nun die Bürger des Piraeus in einer Deme zusammengefaßt waren, kann von einer einheitlichen sozialen Struktur nicht die Rede sein.

Ferner war der Piraeus politisch und wirtschaftlich weitgehend unabhängig von der Asty: die Beamten hatten ihre Dienstsitze direkt am Hafen und nicht in der Stadt. Die durchschnittliche Ausbildung für Handwerker wie Seiler und Zimmermann wird über der durchschnittlichen Qualifikation in der Asty gelegen,[167] die Zahl der ausgeübten religiösen Kulte die der inneren Stadt übertroffen haben. Den Konservativen Kräften Athens mißfiel daher zwar der Hafen, aber nicht unbedingt der Gedanke an eine eigene Seemacht. Gerade Kimon gilt als Vertreter dieser durchaus ambivalenten Haltung.

Etwa 30.000 Einwohner mag der Piraeus gegen Ausbruch des Peloponnesischen Krieges gezählt haben, wobei aber die für Hafenstädte typische, von der Jahreszeit bedingte Fluktuation zu berücksichtigen ist.[168] Attraktiv auf Zuwanderer muß auch

---

164 Aristot. Athen. Pol. 5. 1303 b 10-12 "mallon demotikoi".

165 Plut. Them. 19.4.

166 Aischin, 2. 167. Vgl v. Eickstedt, 73.

167 Garland 82. und 101.

168 Bedeutende Einschnitte in der Bevölkerungszahl können in den Jahren der Pest 430 und Massenfluchten während des peloponnesischen Krieges und der blutigen Eroberung des Piraeus durch Sulla im Jahr 86 ausgemacht werden. Plut. Sulla 12.

der Vorschlag des Themistokles gewirkt haben, dem zufolge, wie Diodorus Siculus berichtet,[169] Handwerker und Metoiken des Piraeus von Steuern befreit werden sollten. Massive Immigration war die Folge. Der erhoffte Gewinn dieses Schrittes ist klar ersichtlich: es sollten nicht nur so viele Menschen und damit Ruderer und Werftarbeiter wie möglich den Hafen bevölkern, es sollte auch dem Hafen ein Maximum an technischer Selbständigkeit verliehen werden. Dieses Gesetz ist in den Jahren des Flottenbauprogrammes anzusiedeln. Man muß den Aufbau der Athener Bevölkerung in diesen Jahren ansehen, um die Tragweite des Gesetzes zu verstehen: Von 20.000 Athenischen Einwohnern waren in den Anfangsjahren des Peloponnesischen Krieges 10.000 Metoiken.

Daß der Zustrom an Einwanderern nicht unbeträchtlich war, kann auch an einem Erlaß des Perikles aus dem Jahr 451/0 gesehen werden, der vorsah, nur denjenigen Einwohnern die Athenischen Bürgerrechte zu verleihen, die sowohl väterlicher- als auch mütterlicherseits aus Athen stammten. Wir erinnern uns an Themistokles' Jugend, als er außerhalb der Stadtmauern seine gymnastische Ausbildung absolvieren mußte, weil er nur Halbathener war. Dennoch hatte er die vollen Bürgerrechte, ohne die er niemals Archont geworden wäre. Die Rangunterschiede zwischen den Bewohnern einer Adelsrepublik können ebenso kompliziert sein, wie an einem königlichen Hof.

Wie bereits erwähnt, war es Themistokles nicht möglich, wie etwa Aristeides, auf den Einfluß oder Rückhalt einer wichtigen Familie zurückgreifen. Er war von der Ekklesia, der Volksversammlung, abhängig, die, je größer sie war, desto eher auch ein Instrument gegen konservative Machtpolitik sein konnte, deren Vertreter dann in der Minderheit sein würden, da es mehr Handwerker gab als Grundbesitzer. In anderen Worten, der Bau einer Flotte bedeutete für Athen nach außen mehr Schlagkraft gegen überseeische Gegner und für die inneren Angelegenheiten eine Zunahme an Demokratie durch Integration der unteren Schichten, aber auch ein Machtverlust für die wohlhabenderen Teile der Bevölkerung.

Kehren wir aber zurück zum Piraeus und der persischen Invasion von 480:
Plutarch berichtet eine Anekdote aus den Tagen, als Athen noch nicht eingenommen war, aber eine Landschlacht schon als wenig aussichtsreich erschien. Themistokles wurde aufgrund seiner Vorschläge, die Verteidigung ganz aufs Meer zu verlegen,

---

[169] 11.43.3.

von den anderen Strategen und Befehlshabern[170] als "Mann ohne Stadt" (apolis) be- zeichnet - im partikularistischen Griechenland eine schlimme Beleidigung, worauf er geantwortet haben soll, daß die Athenische Flotte die größte Polis von ganz Grie- chenland sei, und wenn die übrigen Griechen sich auf den Isthmos zurückzögen, also Athen dem Persischen Angriff preisgäben, dann würden die Athener nicht zögern und endgültig davonsegeln, um woanders, vielleicht in Italien, eine neue Stadt zu gründen. Das lag zu diesem Zeitpunkt bereits im Rahmen des technisch Möglichen.

Die Perserflotte kam bei Phaleron an und in der sich anschließenden Schlacht zeich- neten sich die Athener nächst den Aigineten als beste aus. Doch der Piraeus war noch nicht ganz fertiggestellt. Man kann annehmen, daß die Arbeiten in den Jahren von 479 bis 477 abgeschlossen wurden,[171] als Athen die Führungsrolle in der ersten Marineexpedition gegen Persien 476 übernahm, die sich gegen Eion am Strymon richtete. Es folgte ein Zug gegen die Insel Skyros, wo Kimon, Miltiades' Sohn 476 die Gebeine des Athenischen Heroen Theseus fand und sie im Triumph in die Mut- terstadt zurückbrachte.[172]

In diese Zeit fallen zahlreiche Expeditionen gegen persische Stützpunkte und proper- sische Poleis. Der Krieg, den die Perser nach Hellas getragen hatten, kehrte nun in deren eigenes Reich zurück, wobei der Umfang der Kämpfe insgesamt zunahm. So wurden beispielsweise in der Doppelschlacht zu Lande und zu Wasser am Euryme- don, Kimons größtem Erfolg als Feldherr, allein 200 persische Trieren vernichtet.[173] Nach dem Sieg begannen die Arbeiten an den langen Mauern, einem weiteren höchst ehrgeizigen Projekt, das die Trennung von Hafen und Innerer Stadt überwinden sollte. Die nördliche Mauer zog sich bis zum nordwestlichen Ufer des Piraeus, wäh- rend die südliche, die phalerische Mauer die Bucht von Phaleron und Ackerland mit einschloß. Athen war mit dem Abschluß der Arbeiten um 457 zur größten Festung Griechenlands geworden. Es wurde aber noch eine dritte Mauer errichtet, der Mit- telwall, der sich nahe an der Nordmauer und parallel zu ihr von Athen nach Piraeus hinzog, damit hatte Phaleron erneut an Bedeutung verloren.

Unter Perikles entwickelte sich der Piraeus zu einem der bedeutendsten Handels- standorte der alten Welt. Themistokles' Plan einer Umsiedlung ganz Athens aber direkt an die Küste war endgültig gescheitert.

---

[170] Plut. Them. 6 aber nicht alleiniger Befehlshaber, wie in Plut. Arist. 8. behauptet.
[171] Plut. Them. 19.2.
[172] Plut. Kim. 8
[173] Die Athener verloren bei ihrer ägyptischen Expedition im Jahr 454 etwa 250 Schiffe, man sieht den Unterschied zu einer Epoche, als Athen 20 Schiffe von Korinth chartern mußte.

Am westlichsten Punkt der Halbinsel Piraeus, jedoch der See abgewandt, steht das sogenannte Grabmal des Themistokles, auf dem Gebiet der heutigen Marinekommandantur. Welches Grabmal Lord Byron[174] oder später Mark Twain[175] besucht haben, als sie in Griechenland waren, ist unsicher, denn leider existieren noch zwei weitere Grabmale des Themistokles unweit des ersten, das 1952 restauriert wurde. Vermutlich wurde dieses um 395/4 errichtet, als die Athener beschlossen, den Piraeus als Befestigungsanlage wiederaufzubauen. Für diese Datierung spricht auch die Tatsache, daß in der Antike Gräber niemals in unmittelbarer Nähe von Wohnungen angelegt wurden, während aber die Stelle, an der das sogenannte Grabmal zu finden ist, sicher schon vor Themistokles' Zeit besiedelt war, wollte doch Hippias, man erinnert sich, eben dort eine Befestigungsanlage errichten. Daß Themistokles' Gebeine jemals dort bestattet wurden, kann so gut wie ausgeschlossen werden, auch wenn Pausanias, der Schriftsteller, in Athen eine Statue gesehen hat, die von Themistokles' Söhnen gestiftet worden sein soll.[176] In Magnesia, wo Themistokles nach seiner Verbannung sein Leben beschloß, soll eine Statue gestanden haben, die Themistokles zeigte, aber auch diese Säule ist scheinbar ein Denkmal gewesen und kein echtes Grab.

---

[174] Marchand, 228.

[175] Twain, 394. Als erster beschäftigte sich Edward Dodwell 1801-1806 vermutlich in grabräuberischer Absicht mit dem Piraeus. Eine erste wissenschaftliche Kartierung mit Rücksicht auf antike Bauten gelang Major v. Strantz 1862. Bauurkunden aus themistokleischer Zeit sind leider nicht erhalten, v. Eickstedt, 25. Pausanias I 1.2. nennt diesen Bau Grabmal, allerdings wird seine Entstehung in das 4. Jahrhundert datiert.

[176] Paus. I. 26.4. Daß Geburtsorte, bzw. letzte Ruhestätten von mehreren Gemeinden für sich beansprucht werden, ist keine Seltenheit. So ist beispielsweise Ariadne in Argos bzw. Zypern begraben, Agamemnons Grab ist in Mykene und in Amyklai.

8. Salamis

Ach, was sitzet ihr da? Entflieht an die Enden der Erde

Die griechische Allianz der Jahre zwischen Marathon und Salamis bestand aus Staaten der unterschiedlichsten Prägungen und Verfassungen. Die beiden wichtigsten, Sparta und Athen, waren auch zugleich die gegensätzlichsten. Hier die demokratische Polis, die in der Zeit vor der ersten persischen Invasion viele politische Veränderungen erfahren hatte und sich auf wirtschaftlichem Gebiet grundlegendem Wandel unterzog, dort der traditionsreiche Kriegerstaat, dessen Macht nicht nur auf der überlegenen Ausbildung seiner schwerbewaffneten Kämpfer beruhte, sondern auch auf der systematischen Kontrolle der messenischen Bevölkerung.

Leider ist über die spartanische Regierung dieser Jahre sehr wenig bekannt, mit der Themistokles als wichtigster Vertreter des stärksten Bundesmitglieds verhandelt haben muß. Überhaupt ist vieles unklar in diesem Jahrzehnt: Welche Übereinkünfte wurden geschlossen, welche Kontakte bestanden zwischen den verschiedenen Bürgerschaften, die alle jeweils von verschiedenen Ängsten und gegensätzlichen Interessen bewegt wurden? Welche Erpressungen und Bestechungen waren nötig, um unsichere Bundesgenossen, etwa im Norden, bei der Stange zu halten? Sogar das wichtigste griechische Orakel, Delphi, schien sich damit abgefunden zu haben, demnächst unter persischer Oberhoheit weissagen zu müssen. Welche Rolle spielte Themistokles in den Jahren zwischen den Perserkriegen? Immerhin erfahren wir aus den Quellen, daß er an der Beilegung von Differenzen innerhalb des Bundes beteiligt war und die Botschafter des Großkönigs, die Griechenland zur Unterwerfung aufforderten, mitsamt ihren Dolmetschern, denen vorgeworfen wurde, sich an der griechischen Sprache vergangen zu haben, indem sie die Forderungen des Großkönigs übersetzten, auf undiplomatischste Weise abwies und bestrafte.[177]

Die gemeinsam unternommene Verteidigung Griechenlands veränderte trotz des siegreichen Ausgangs die Mächteverhältnisse der Poleis und die Rolle der seefahrenden Staaten so sehr, wie es im Fall einer Niederlage wohl nicht zustandegekommen wäre. Denn durch die Kämpfe um die Vorherrschaft in der Ägäis, die sich Salamis anschlossen, wurde der persische Einflußbereich stark genug reduziert, um einer Neuordnung nicht im Wege zu stehen, die ausgeblieben wäre, hätte Dareios gesiegt, wie Xerxes zuvor über Milet. Es stellte sich heraus, daß Athen vor allen anderen Staaten von der neuen Situation profitierte. Athen hatte, anders als Sparta, nicht nur seine Rolle als traditionelle Landmacht behauptet, sondern auch eine Machtposition als Flottenstaat hinzugewonnen, die nun rücksichtslos ausgenutzt wurde. Die verschiedenen Siege zu Wasser und zu Land hatten einmal den verschieden Waffengattungen Ruhm (und damit ihren Vertretern politisches Gewicht) verliehen; es kam aber auch zu einer Neuorientierung auf maritime Politik, wie sie in anderen Staaten in diesem Ausmaß nicht zu verzeichnen ist. Selbst Rom hat, viel später, eine vergleichbare Umorientierung auf die Flotte niemals erfahren, auch dann nicht, als die punischen Kriege sich mehr und mehr in einen Konflikt zur See verwandelten.

Die Geschichte dieser Umwandlungen ist für die innenpolitische Verfassung Athens mit dem Verlust der traditionellen Archontenverwaltung und einer weitgehenden Demokratisierung einhergegangen. Außenpolitisch entwickelte sich Athen von einem - wenn auch sehr bedeutenden - Bündnispartner der Symmachie zu einem eigenständigen Hegemonialstaat, der häufig als imperialistisch bezeichnet wird, nicht zuletzt deshalb, weil schwächere Mitgliedsstaaten mit militärischem Zwang von Abfallversuchen abgehalten oder für Abfallversuche bestraft werden konnten.[178] Die Griechen verwendeten freilich nicht das lateinische Wort "imperium", sondern "Hegemonia", was einfach nur "Heerführung" oder "Leitung" bedeuten kann. "Hegemon" war auch der Posten des Oberbefehlshabers einer Armee, der jeden Tag neu besetzt wurde. Für den Fall der Athenischen Seemacht war die Bedeutung des Wortes freilich enger festgelegt und gewann bald den bösen Beiklang von "Zwingherrschaft".

Ein Vertreter dieser Seemachtspolitik war der Demokrat Themistokles, der obwohl sicherlich ein Vertreter panhellenischer Ideale, keine Probleme darin sah, gegen abgefallene Bundesgenossen hart vorzugehen. Sein Name ist mit dem Aufstieg Athens zu militärischer, wirtschaftlicher und kultureller Größe genauso eng verbunden wie mit dem Aufstieg der unteren Bevölkerungsstufen Athens, von denen dann Perikles politisch abhing.

Auf diesen Einfluß, vom Jahr seines Archontats 493 über den Sieg von Salamis bis zum Wiederaufbau der Mauern von Athen, lassen sich so viele Reformen und Neuerungen zurückführen, daß Themistokles ein besonderer Rang in jeder Darstellung der Athenischen Politik dieser Epoche zukommen muß.

---

[177] Plut. Them. 6.
[178] Finley, Democracy, 49. und Quinn, 9.

Den militärischen Bewegungen des großpersischen Reiches gingen diplomatische Verhandlungen voraus, die das gesamte Mittelmeer und weite Teile des schwarzen Meeres umfaßten.[179] Herolde forderten Griechenstädte zur Übersendung von Erde und Wasser auf, die Zeichen der Unterwerfung. Weite Teile der griechischen Welt fügten sich, wie die Thessalier, Lokrer und die Boiotier und später die Thebaner.[180] Viele mächtige Staaten erklärten sich neutral, wie Argos, Syrakus (man hatte eigene Sorgen mit Karthago), Kerkyra und Kreta.[181]

Ihnen aber gegenüber schlossen die Griechen einen Bund, die den Kampf mit den Barbaren aufnehmen wollten und machten dabei aus, daß alle Griechen, die imstande wären, sich zu wehren und dennoch aus freien Stücken zu den Persern übergingen, dem Gotte in Delphi den Zehnten abgeben sollten.[182]

Diese Regelung überrascht, wenn man bedenkt, daß der erste Orakelspruch aus Delphi nur Unheil und keine Aussicht auf Erfolg verheißen hatte. Wie stets vor wichtigen Entscheidungen hatten nämlich Gesandte das Orakel aufgesucht und eine sehr entmutigende Antwort erhalten. Das Orakel hatte den aus Athen gesandten Vertretern folgenden Spruch geliefert:

Ach, was sitzet ihr da? Entflieht an die Enden der Erde
Fort und räumt euer Haus und der Stadt hochragende Gipfel,
Weder das Haupt noch der Leib wird verschont, von Händen und Füßen,
Rettet ihr nichts, denn alles vernichtet Feuer und Ares, (...)
Viele Burgen bricht er noch und nicht nur die eure. (...)
Und nun geht hinaus und haltet euch brav, wenn das Unglück hereinbricht.[183]

"Als die Gesandten der Athener das hörten, wurden sie sehr betrübt", schreibt Herodot, in der Tat so sehr betrübt, daß einer der delphischen Priester, ein gewisser Timon, Mitleid bekam und ihnen riet, sich als Schutzsuchende noch einmal an den Gott zu wenden, um vielleicht einen etwas optimistischeren Spruch zu erhalten - so geschah es. Der delphische Gott erwies sich als geneigt und teilte einen weiteren

---

[179] Herodot. 7. 13. Vgl. das Persisch - Karthagische Bündnis gegen Gelon von Sizilien. Diodor 11.1.1.

[180] Athen und Sparta seien nach Herodot (7, 133) unmittelbar vor dem Zug erst gar nicht besucht worden, weil die in diese Städte entsandten Herolde dort hingerichtet worden waren.

[181] Herodot 7, 148 bis 169 Karthago gehörte zur Einflußsphäre des persischen Reiches. Der Konflikt zwischen Griechen und Persern umfaßte beinahe die gesamte bekannte Welt.

[182] Herodot. 7. 131.

[183] Herodot. 7. 140. Vgl. Berve, Inschrift, S. 40. Themistokles habe entscheidenden Einfluß auf Delphi ausgeübt, um die Option der Seeschlacht zu begünstigen und somit seine Politik zu rechtfertigen und zu vollenden.

Spruch mit, so daß die Gesandschaft nicht ohne jede Hoffnung hemfahren mußte. Mit einer derartig negativen Prophezeiung hätte man sich ohnehin nicht nach Athen zurückgetraut, wo gerade Überbringer schlechter Nachrichten nicht gerne gesehen waren. Der zweite Spruch war wesentlich schwerer zu verstehen als der erste. Er lautete in vollem Umfang:

> *Pallas gelingt es nicht, den olympischen Zeus zu erweichen.*
> *Wie sie sich auch aufs Bitten verlegt und listige Künste,*
> *Dir aber geb' ich mein Wort, und du kannst dich darauf verlassen:*
> *Jenes ganze Gefilde dort zwischen dem Felsen des Kekrops*
> *Und Kythairons göttlicher Schlucht wird dem Feinde zur Beute,*
> *Unüberwindlich jedoch macht Zeus die hölzerne Mauer*
> *Tritogeneias allein zum Schutze für dich und die Deinen.*
> *Darum zieh dich zurück und erwarte den feindlichen Angriff,*
> *Jener Scharen zu Fuß und zu Roß nur nicht auf dem Lande,*
> *Wende den Rücken ihm zu, einst wirst du von vorn ihm begegnen,*
> *Göttliches Salamis du, du mordest die Kinder der Weiber,*
> *Sei es, wenn man die Halmfrucht sät, sei's wenn man sie einbringt.*[184]

Das war, wenn schon nicht vollkommen klar verständlich, so doch wenigstens ein bißchen weniger entmutigend, jedenfalls begann in Athen eine Debatte über den Sinn des Orakelspruches. Einige ältere Leute, wie Herodot die Vertreter der Landmachtpolitik hier schlicht nennt, erklärten die rätselhafte "hölzerne Mauer" des Orakelspruches mit der Dornenhecke, die früher die Burg auf dem Berg umgeben hatte, während wieder andere - damit sind die Vertreter der themistokleischen Flottenpläne gemeint - die Schiffe als hölzerne Mauer gemeint sahen, oder, schließlich: war mit der Mauer aus Holz der Wall der Hoplitenlanzen gemeint?

Unklar war ebenfalls, wessen Kinder der Weiber da gemordet werden sollten, der Spruch des Philosophen Heraklit, daß der Herrscher von Delphi, Apollon, nichts ausspricht und nichts verbirgt, sondern lediglich Andeutungen macht, schien in vollem Ausmaß zuzutreffen.[185]

Herodot läßt Themistokles nun auftreten, von dem er sagt, er sei "neuerdings zu hohem Ansehen gelangt", was angesichts der lange zurückliegenden Amtszeiten als Ar-

---

[184] Herodot. 7. 141. "Pallas" und "Tritogeneia" sind Beinamen der Athene. Herodots Zahlen: 1 700 000 Infanteristen, mehr als 80 000 Reiter, 1 207 Trieren und 3 000 Transportschiffe bildeten den Zug. (mit je 200 Mann an Bord einer Triere plus einer Sondereinheit von 30 Medern pro Schiff und den Mannschaften der Transporter ergibt sich eine Flottenbesatzung von 517 610). Im Laufe des Zuges wächst diese Zahl weiter an, da neu Unterworfene Völker ebenfalls Truppen stellen mußten.

[185] Heraklit. Fragment 36.

chont, Stratege und Botschafter bereits im Altertum als ungerechte Geringschätzung verstanden worden ist.[186] Themistokles deutete das Orakel jetzt folgendermaßen: Der Spruch beziehe sich auf den Tod der Feinde, wenn vom "göttlichen Salamis" die Rede war, denn in dem Fall, daß eigene Leute umkommen sollten, müßte es ja heißen: "schändliches Salamis".

> *Er riet ihnen also, sich auf einen Krieg zur See einzurichten, denn die Schiffe wären die hölzerne Mauer. Den Athenern leuchtete das ein und sie beschlossen, lieber den Rat des Themistokles zu befolgen als den der Zeichendeuter, die von Widerstand überhaupt nichts wissen wollten, sondern sagten, man müsse sich unterwerfen oder gar Attika aufgeben und sich anderswo niederlassen.*[187]

Somit wurde beschlossen zu bleiben und zu kämpfen. Die Folgen dieser Orakelauslegung gingen aber über den unmittelbaren Entschluß, die Auseinandersetzung zu wagen hinaus. Delphis Priester hatten sich durch den Spruch als Perserfreunde zu erkennen gegeben. Ihre Beweggründe waren klar: sie wollten im Falle eines persischen Sieges, mit dem sie durchaus rechneten, unter dem Satrapen von Griechenland auf der richtigen Seite stehen, oder sich zumindest vor massiven Plünderungen retten, die sicherlich eingetreten wären, wenn den Persern das Orakel als feindliches Propagandainstrument in die Hände gefallen wäre. Die beiden widersprüchlichen und gleichermaßen verdächtigen Prophezeiungen fügten dem politischen Faktor Delphi großen Schaden zu; der griechische Sieg setzte die Priesterschaft ins Unrecht und markiert eine wichtige Etappe auf dem langen Weg der Emanzipierung der Politik von der Religion.

Dem Kampfbund der Griechen stand Sparta vor, wie es der traditionell bedeutendsten Landmacht zukam, aber aufgrund der Flotte Athens, und nicht zuletzt, weil Themistokles als attischer Vertreter entsandt war, erhielt Athen eine besonders eminente Rolle.[188] Ein wichtiger Bestandteil dieser Übereinkunft war ein Burgfrieden zwischen den Bündnern, namentlich Aigina und Athen.[189]

---

[186] etwa von Plutarch in seinem Buch über die "Gemeinheiten Herodots". De mal. Her. 869DE.

[187] Herodot. 7. 143.

[188] Staatsverträge d. Altertums, StV II Nr. 130, 30/31. Die Eidgenossenschaft der Griechen umfaßte etwa 30 Staaten. "(...) ferner sollten diejenigen unter den Griechen, die sich, ohne dazu gezwungen zu sein, den Persern anschlössen, vernichtet werden." Die sog. Schlangensäule von Delphi nennt 31 Staaten, gilt aber nicht als zuverlässige Quelle.

[189] Bengtson, 141.

Die neuen Partner hatten naturgemäß verschiedene Interessen: Während sich die Spartaner am liebsten auf die Peloponnes zurückgezogen und am Isthmos eine Verteidigungslinie aufgestellt hätten, mußten die Athener eher für eine vorwärtsgewandte Verteidigung plädieren. Aber zu weit nach Norden konnte man sich auch nicht vorwagen, einmal wegen der mangelnden Zuverlässigkeit der nördlichen Bundesgenossen, aber auch deshalb nicht, weil es um so schwieriger sein würde, dem logistisch vermutlich überlegenen Gegner die Stirn zu bieten, je größer die Entfernung zur Heimat wäre. So wurde auch ein Expeditionsheer unter Themistokles und dem Spartaner Euainetos, das bereits bis nach Thessalien, zum Engpaß von Tempe, vorgestoßen war wieder zurückbeordert, obwohl sich die berühmte thessalische Reiterei bereits mit dem Aufgebot vereinigt hatte. 10.000 attische, lakedaimonische und boiotische Hopliten kehrten wieder nach Süden zurück, als man von Alexander, dem König der Makedonen, über die ungeheure Größe des feindlichen Heeres erfahren hatte. Die Thessaler, die sich dadurch dem Feind ausgeliefert sahen, kündigten ihrerseits nun den Verbündeten an, daß sie in diesem Fall versuchen würden, sich mit dem Großkönig zu einigen, um nicht vernichtet zu werden, schreibt Herodot.[190]

Jeder der Bündner trat für eine solche Verteidigungsstellung ein, die die eigene Stadt gerade noch im geschützten Gebiet halten würde.

Für die Flotte hieß das in jedem Fall, die Heimat preiszugeben oder daß sich in die offenen Gewässer der nördlichen Ägäis zu begeben hatte, wo die enorme Flotte des Gegners[191] zur vollen Entfaltung kommen konnte.

Es blieb noch jene letzte Möglichkeit offen, nämlich die Stadt Athen überhaupt aufzugeben und mit der ganzen Stadt nach Unteritalien auszuwandern, wie es ein anderer, älterer Orakelspruch verlangte. Diese Alternative widersprach natürlich der Athenischen Würde.

Im Zuge der strategischen Überlegungen gewann der Plan des Themistokles zunehmend an Gewicht.[192] Dieser Plan wich von den offensichtlichen Lösungen weit ab und glich eher einem waghalsigen Spiel als einer nationalen Verteidigungstaktik: Die Flotte sollte sich am engen Sund von Salamis versammeln, wo die feindlichen Flottenverbände ihre Größe nicht voll zu nutzen in der Lage wären. Dort, oder jedenfalls nicht auf hoher See, sollte es zur Schlacht kommen. Die Bevölkerung Athens sollte für die Dauer der Kämpfe die Stadt verlassen und auf die Insel Salamis, der Heimat

---

[190] Herodot. 7. 172. Die thessalischen Demokraten befürworteten anscheinend die Verteidigung, während die Adelsvertreter eher für eine Einigung mit den Persern plädierten.

[191] Herodot. 7. 184 spricht von etwa 1200 feindlichen Schiffen.

des homerischen Helden Groß Aias, nach Aigina und nach Troizen gebracht werden, wo später, zur Erinnerung an diese Tage, ein Denkmal errichtet wurde. Das hieß aber auch, daß die Stadt ungeachtet aller Stadtmauern dem Feind in die Hände fallen würde - mit allen schrecklichen Folgen. Es ist dem beträchtlichen Einfluß des Themistokles[193] auf die Athener Bürger zuzuschreiben, daß dieser Plan schließlich in die Tat umgesetzt wurde. Der Plan drückte ferner ein gutes Maß an Mißtrauen gegenüber den Verbündeten aus und demonstrierte die eigene Stärke. Allerdings war es ein heikles Spiel, das im Fall eines Mißlingens die totale Niederlage mit sich gebracht hätte, Tod in der Schlacht, Verlust der Stadt, Versklavung oder Zerstreuung der Überlebenden.

Die mögliche Verteidigungslinie rückte immer näher, je weiter Mardonios nach Süden vordrang, aber immer noch sträubten sich viele Athener Bürger, die Stadt zu verlassen.[194] Da setzte Themistokles im Rahmen seiner Versuche, die Evakuierung voranzutreiben das Priestertum der Athene ein: die heilige Schlange, die im Erechtheion auf der Akropolis den Tempel der Athene bewachte, verschwand auf wundersame Weise. Es wurde erklärt, sie habe die Stadt verlassen, als Zeichen, daß die Athener ihr folgen sollten.[195] Wie genau dies vor sich ging, können wir nicht mehr wissen, aber man kann davon ausgehen, daß hier wie in so vielen anderen Fällen göttlichen Eingreifens deutliche Manipulation geübt wurde, die auch vor heiligen Tieren nicht Halt machte.

Obwohl die Flucht aus Athen nun jedem Bürger selbst überlassen war[196], das heißt, es stand jedem frei, wohin er sich begeben oder seine Familie hinschicken wollte, wenn er vom Kriegsdienst abkömmlich war, griff der Areopag ein, indem er jedem, der ein Schiff als Ruderer bestieg 8 Drachmen ausbezahlte.[197] Das stellt einen weiteren Schritt in der Entwicklung dar, die bereits geschildert wurde, als von der neuen Organisationsform der Flotte die Rede war. Der Staat engagierte nun die Krieger nicht mehr über Gefolgschaftswesen und Bündnistreue, sondern über Tagessätze.

---

192 Für das sogenannte Dekret von Troizen, Murray, 359ff. Zur Debatte der Echtheit vgl. Berve, Inschrift.

193 Herodot. 8. 57 bis 63 und Bengtson, 145.

194 besonders natürlich solche, die das Orakel der Pythia anders auslegten und erklärten, die 'hölzerne Mauer' beziehe sich auf die Burg der Stadt. Herodot. 7. 142.

195 Plut. Them. 12. Zur Frage der Reihenfolge der Ereignisse "Artemision" und "Evakuierung der Stadt" vgl. Berve, Inschrift, S. 31.

196 Der Heroldsruf lautete: "Rette sich jeder, wie er kann!" Herodot 8, 41; Athen. Pol. 23,1 und Plut. Them. 10,4.

197 Aristot, Athen. Pol. 23. 1.

Somit war es kein Standesprivileg mehr, dem Staat als Kämpfer dienen zu können, wie es noch bei der Hoplitenphalanx der Fall gewesen war.

Die Flotte war wesentlich moderner als das Heer, nicht nur, was ihre technische Ausrüstung betraf, sondern auch, was ihre soziale Zusammensetzung anging. Die Flotte war bekanntermaßen demokratischer ausgerichtet als das Heer und wurde als solche entsprechend geschätzt beziehungsweise verachtet. Ein Umstand übrigens, der bis in die Moderne immer wieder und unverändert anzutreffen ist, beispielsweise in der von den konservativen Junkern mit Argwohn betrachteten deutschen Flotte des Ersten Weltkriegs.

Auch direkt bei der Evakuierung Athens trat Themistokles wieder hervor. Unter einem Vorwand, nämlich, daß der geschnitzte Kopf der Medusa, das Gorgoneion, vom Schild des Standbilds der Athene gestohlen worden sei, ließ er das Gepäck der Evakuierten durchsuchen. Alles, was man dabei an Geld fand, wurde requiriert. Mit diesem Geld wurden wiederum die Ruderer besoldet. Herodots Bericht erwähnt, daß zu dieser Zeit Kalliades Archont gewesen sei, eine Bemerkung, die eine eindeutige Zuordnung der eher losen herodotischen Erzählung zu einer gesicherten Chronologie ermöglicht.

Der Beschluß des Rates und der Volksversammlung zur Evakuierung Athens ist uns in Form einer Kopie erhalten geblieben, die über ein Jahrhundert später angefertigt sein muß, was die Buchstabenform nahelegt.

Es heißt da:[198]

Götter! Der Rat und das Volk faßten den Beschluß, Themistokles, der Sohn des Neokles, von der Gemeinde der Phrearrier stellte den Antrag.
Die Stadt solle man der über Athen waltenden Athena und allen anderen Göttern anvertrauen, sie zu beschützen und den Barbaren vom Lande abzuwehren. Die Athener selbst, sowie die Athen wohnenden Fremden sollen ihre Kinder und Frauen nach Troizen übersetzen, wo der Archegetes Pittheus Beschützer des Landes ist; die Greise und ihren Besitz sollen sie auf Salamis bringen. Die Schatzmeister und die Priesterinnen sollen auf der Akropolis bleiben und die Götterheiligtümer bewachen. Alle übrigen Athener, sowie die im Mannesalter befindlichen Fremden sollen auf die fertiggestellten zweihundert Schiffe gehen und sich zusammen mit den Lakedaimoniern, den Korinthern und den Aigineten sowie den anderen, die sich an dem gefahrvollen Unternehmen beteiligen wollen gegen den Barbaren für die eigene Freiheit und die der anderen Griechen zur Wehr setzen. [es folgt eine Bestimmung über die Bemannung der Trieren und die Veröffentli-

---

[198] Papastavrou, 47. Vgl. Jameson, 198. Die Echtheit des Steins ist nicht unumstritten. Helmut Berve und F. Schachermeyr (Jahreshefte, 158) halten die Quelle für unglaubwürdig, bzw. für eine spätere Kompilation.

chung der Mannschaftslisten] (...) *damit man wisse, in welche Triere eine jede Mannschaft einsteigen werde; und wenn die gesamten Mannschaften aufgeteilt und den einzelnen Trieren zugewiesen werden, solle man alle zweihundert Schiffe bemannen nachdem der Rat und die Strategen dem Zeus Pankrates und der Athene und der Nike und dem Poseidon Asphaleios ein Opfer gebracht haben. Und wenn die Schiffe bemannt worden seien, solle man mit hundert von ihnen das euboische Artemision verteidigen und mit den anderen hundert bei Salamis und dem übrigen Attika vor Anker liegen und das Land bewachen. Und damit die Athener sich in Eintracht gegen den Barbaren wehren können, sollen sich die in zehnjähriger Verbannung Verurteilten nach Salamis begeben und dort bleiben, bis die Volksversammlung über sie einen Beschluß gefaßt habe. Diejenigen aber, denen die Bürgerrechte aberkannt worden sind...* [es folgen undeutliche Buchstabenspuren]

Das Dekret war folgenschwer, nicht nur für die Schatzmeister und Priesterinnen, deren Verbleib auf der Akropolis einem Todesurteil gleichkam, sondern für die ganze Stadt. Außerdem mußte die Räumung schnell vor sich gehen, denn der Feind kam zügig immer näher.

Diese Szenen berichtet Plutarch von der Evakuierung:

So fuhr die ganze Stadt aufs Meer hinaus - ein Schauspiel, das viele tief erschütterte, aber viele andere staunen ließ über den kühnen Mut derjenigen Athener, die ihre Eltern und Familien anderenorts unterbrachten und selber ohne zu klagen, nach Salamis übersetzten.
Voll Mitgefühl dachte man an die Bürger, die aufgrund ihres hohen Alters in der Stadt zurückblieben, und mit tiefer Rührung schaute man auf die zahmen Haustiere, wie sie ihren Herren heulend und winselnd bis an die Schiffe hinterherliefen. So geht die Erzählung, daß der Hund von Perikles' Vater Xanthippos es nicht ausgehalten habe, von seinem Herrchen getrennt zu werden und ins Wasser gesprungen sei, um neben der Triere herzuschwimmen. Er habe die Insel zwar erreicht, sei aber vollkommen erschöpft sofort tot umgefallen. Noch heute zeigt man dort das sogenannte Kynossema, die Stelle, wo er begraben sein soll.[199]

Damit der ordnungsgemäße Verlauf der Evakuierung gesichert werden konnte, mußte das feindliche Heer, das sich ja von Norden her der Stadt näherte, aufgehalten werden, wenn auch nur vorläufig. 4.000 Peloponnesier, darunter 300 Spartiaten, dazu noch Phoker, Thespier und Thebaner, insgesamt wohl an die 7.000 Mann unter dem Kommando des Leonidas zogen dem Feind entgegen - an die Enge der Ther-

---

[199] Plut. Them. 10. 8. Es gibt mehrere gleichnamige Orte, so heißt zum Beispiel das Grab der Hekuba in Karien ebenso. Auf Salamis jedoch heißt die Landzunge vor Ambelaki Kynosura.

mopylen. Dort machten sie Halt. Es muß allen klar gewesen sein, daß man von einer solchen Mission schwerlich zurückkommen würde, und so soll der spartanische König Leonidas, der das Aufgebot anführte, seiner Frau, Gorgo, den Rat gegeben haben, gute Männer zu nehmen und gute Kinder zu gebären; zum Abschied habe er auf die Frage, ob er entschieden sei, alles zu tun, um den Barbaren von Griechenland fernzuhalten geantwortet: "Dem Wort nach ja, aber in Wahrheit erwarte ich, für die Griechen zu sterben."[200]

Die Truppe erreichte den Zielort und richtete sich ein. Persische Spione berichteten ihrem Kommando, die Spartaner bei gymnastischen Übungen gesehen zu haben und auch, wie sie sich das Haar schmückten, noch zu einem Zeitpunkt, als feindliche Vorausabteilungen bereits das Gelände durchstreiften. Als das persische Hauptheer an diesem engen Übergang eintraf, kam es zum Stillstand, denn nur hier war ein Weiterkommen möglich, dieser Punkt aber war besetzt.

Fünf Tage dauerte die Belagerung der Thermopylen, bis die Perser nach dem bereits erwähnten Briefwechsel zwischen dem Großkönig und Leonidas den Angriff eröffneten (etwa gleichzeitig kämpfte man bereits bei Artemision), aber erst am dritten Tag gelang es einem persischen Kommando mit Hilfe griechischer Überläufer, die Stellung des Leonidas auf engem Bergpfad zu umgehen und die Griechen von hinten zu attackieren. Dieser hatte aus Furcht vor Verrat einen Großteil der Verbündeten in die Heimat zurückgeschickt; allein 700 Thespier und seine 300 Spartiaten waren ihm geblieben. Gegen die persische Übermacht, die nun von zwei Seiten angriff, hatten sie keine Chance, aber aufgeben und überzulaufen war ihnen ebenfalls unmöglich - ihr Ende, "wie das Gesetz es befahl", ist zur Legende geworden.[201]

Als dem griechischen Oberkommando die Nachricht der völligen Vernichtung der eigenen Leute bei den Thermopylen gemeldet wurde, mußte schnellstens weiter gehandelt werden. Hermann Bengtson beschreibt die folgende militärische Operation so: "Die Griechische Flotte löste sich daher am folgenden Tage vom Feind und zog sich, von diesem unbemerkt, durch den Euripos in den saronischen Golf zurück. Trotz empfindlicher Verluste konnten die Perser die Doppelschlacht an den Thermopylen und beim Artemision als einen strategischen Erfolg buchen: das operative Ziel, die Öffnung des Zugangs zu Zentralgriechenland war erreicht."[202]

---

[200] Plut. Mor. Leon. 2. und 4.

[201] "Wandrer, kommst du nach Sparta, verkündige dorten, du habest uns hier liegen gesehen, wie das Gesetz es befahl", klautet der Spruch in voller Länge.

[202] Bengtson, 144.

Die Griechen hatten immerhin die Zeit gewonnen, die nötig gewesen war, um im Süden Vorbereitungen zu treffen, vor allem die Athener hatten Zeit gehabt, ihre Stadt zu verlassen. Aber nun stand kein Schutz mehr zwischen dem persischen Heer und Athen.

Plutarch berichtet über Themistokles' Wirken direkt nach der Schlacht an den Thermopylen: Er ließ Felsinschriften an den Stränden der ionischen Inseln anbringen, die die Bewohner Ioniens und Kariens zur Rebellion aufriefen. Sollte offene Rebellion nicht möglich sein, so sollten die Ionier doch wenigstens nur wie Feiglinge kämpfen, wenn es dann zur Schlacht käme, um eine ähnliche Wirkung zu erzielen. Die Inschriften ermahnten die Ionier ferner, daß sie des gleichen Stammes wie die Athener seien und daß sie es ursprünglich gewesen waren, die den Krieg mit dem Großkönig angefangen hatten.

Selbst im Falle ausbleibenden Erfolges hätten die Inschriften an den Wasserstellen Ioniens doch den Effekt gehabt, die griechischen Inseln dem Perserkönig suspekt zu machen.[203]

Plutarch berichtet, daß Themistokles, aus Furcht, der populäre Epicydes könnte von den Athenern zum General gewählt werden, diesen bestochen habe, damit dieser auf den Oberbefehl verzichtete. Das habe Themistokles aus Sorge um das Staatswesen getan.[204]

Inzwischen hatten sich Xerxes' Truppen schon Attikas bemächtigt, Delphi hatte sich wie erwartet für die Perser erklärt, Theben war abgefallen, und die peloponnesischen Landstreitkräfte standen erst am Isthmos versammelt bereit - der ganze Rest Griechenlands würde nun dem Feind in die Hände fallen.[205]

Der Kampfbund der Griechen drohte sich in diesen Tagen beständig aufzulösen; bis zum Zeitpunkt unmittelbar vor der Seeschlacht hatte es verschiedenste Auslegungen und Vorschläge gegeben; die Inselgriechen und die Athener vertraten die Seeschlacht, die Peloponnesier setzten sich für eine Landverteidigung ein; eine allgemeine Panik drohte.

Plutarch und Herodot berichten, wie sich Themistokles in dieser kritischen Situation verhielt:

---

[203] Plut. Them. 7. und Herodot 8. 19.22. Herodot erwähnt später 8. 85, daß es tatsächlich Einzelfälle gab, in denen Ionier den Rat befolgten.

[204] Plut. Mor. Them. 3.

[205] Über sie verfügte Themistokles nicht. Um so entscheidender aber war die Rolle die er der Flotte zudachte; seine Strategie im Konflikt von 480 deckte sich mit der Vision von der Seemacht in den Jahren zuvor.

Es gelang ihm, sich im griechischen Kommando mit seiner Meinung durchzusetzen, daß es besser sei, eine Seeschlacht zu wagen, indem er die Unmöglichkeit betonte, sich gegen unvorhersehbare Flottenangriffe der Perser auf die Peloponnes zu wehren.[206] Er legte dar, daß im Falle eines Sieges zur See die Peloponnes durch die Niederlage der feindlichen Flotte ebensogut verteidigt würde und versuchte außerdem, die Rationalität seines Plans zu betonen, als er sagte: "Wenn die Menschen vernünftige Entschlüsse fassen, so pflegt ihnen alles, was sie vorhaben zu gelingen, fassen sie aber unvernünftige Entschlüsse, so pflegt die Gottheit menschlichem Beginnen keinen Beistand zu leihen."[207]

Doch die Drohung der Athener, notfalls nach Italien auszuwandern und die übrigen Griechen ihrem Schicksal zu überlassen, hat die Befehlshaber der anderen Poleis wohl am stärksten beeindruckt.

Auch zu dieser Situation kann Plutarch eine Anekdote beitragen:

Als Adaimantos, ein korinthischer Befehlshaber, nicht den Mut aufbringen konnte, den Beschluß zum Angriff zu fassen, sondern erneute Beratungen vorschlug, Themistokles ihn aber dazu drängte, soll Adaimantos gesagt haben: "Themistokles, bei den Spielen wird derjenige Läufer bestraft, der zu früh startet!", worauf Themistokles geantwortet habe: "Ja, Adaimantos, aber man setzt denen auch keinen Siegeskranz auf, die beim Laufen zurückgeblieben sind."[208]

Wir sind in Fällen wie diesem, wenn historische Höhepunkte geschildert werden sollen, immer wieder darauf angewiesen, Plutarch zu vertrauen, dessen Lebensbeschreibungen berühmter Griechen und Römer voller ungesicherter Anekdoten und Aussprüche sind. Sie sind zwar von hohem literarischem Wert; sie zeichnen die Atmosphäre der entsprechenden Situationen mit Einfühlungsvermögen nach, doch als handfeste Quellen kann man sie nicht bezeichnen. Gerade bei den älteren Figuren der Geschichte, von denen keine eigenen Schriften erhalten sind und die auch schon für Plutarch im Altertum lagen,[209] haben wir oft nur solches Material. Aussprüche und Reaktionen, die über Generationen hinweg weitererzählt wurden, bis Plutarch

---

[206] Plut. Them. 12, wo auch die schlagfertige Antwort überliefert ist, die Themistokles dem Spartaner Eurybiades gab, als der Themistokles mit seinem Stab drohte: "Schlag'zu, aber höre!", um danach die Konsequenzen einer griechischen Niederlage darzustellen.

[207] Herodot. 8. 60.

[208] Putarch. Mor. Them. 4. Der Sohn des Adaimantos, Aristeas gehörte später einer Delegation von propersischen Spartanern und Korinthern an, die in Persepolis um eine Bündnis mit dem Großkönig ersuchten. Für diese Kontaktaufnahme wurden sie nach ihrer Rückkehr hingerichtet. Eine "bittere Fortsetzung" (Bichler, 374).

[209] Plutarch lebte von 46 - 120 n. Chr.

sie aus den verschiedensten Quellen zusammentrug und ordnete. Plutarch ist ein sympathischer Schriftsteller mit Sinn fürs Detail und manchmal mit einem gewissen moralisierenden Unterton, dessen Anliegen hauptsächlich darin bestand, und hierin unterscheidet er sich von Thukydides, den Charakter von Personen, das Menschliche, zu verdeutlichen. Er war überzeugt, daß ein Scherz oder eine gelungene Antwort einen Menschen besser beschreiben, als etwa die ausführliche Schilderung einer politischen Auseinandersetzung, die eben dieser Mensch gewonnen haben mag. Wie anders im Falle Caesars oder Ciceros, deren eigene, oft ziemlich humorlose Schriften, Reden und Rechtfertigungen unabhängig von Chronisten wie Plutarch die Zeit überstanden haben. Aus solchen Quellen kann freilich ganz anders geschöpft werden, wobei man aber anmerken sollte, daß ihnen allein aufgrund ihres Umfangs nicht mehr Glaubhaftigkeit zukommen muß, als den kurzen, abgerundeten Kolportagen Plutarchs.

Die militärische Konfrontation zu Wasser rückte näher; da entsandte Themistokles angeblich einen Boten, den persischen Hauslehrer seiner Kinder Sikinnos,[210] in das persische Lager, mit der Nachricht, die Griechen stünden kurz vor der Kapitulation, die Flottenverbände kurz vor der Auflösung, so daß gerade jetzt der richtige Zeitpunkt sei, den Konflikt zu beenden.[211] Themistokles, der Anführer der Griechen, gönne den Sieg Xerxes eher als seinen Landsleuten.

Es ist natürlich sehr fraglich, warum das persische Oberkommando so einer Nachricht Glauben schenken sollte; ob es sowieso den persischen Plänen entsprach, baldmöglichst zuzuschlagen und nach den vergangenen Triumphen, immerhin war Athen zu diesem Zeitpunkt schon gefallen und geplündert, auch noch das letzte Risiko einzugehen, oder ob die Nachricht in der Tat überzeugte - Überläufer gab es ständig auf beiden Seiten, ist schwer zu sagen. In der Nacht lief die persische Flotte in den Sund von Salamis ein, während Fußtruppen wichtige Stellen an Land besetzten. Als der Tag anbrach, mußten die Befehlshaber der Invasoren allerdings erkennen, daß der Feind keineswegs Vorbereitungen zu Kapitulation oder Flucht getroffen, sondern kampfbereit Aufstellung genommen hatte.

In den "Persern" des Aeschylos, der an der Seeschlacht teilgenommen hat, wird der Beginn des Gefechts beschrieben:

---

[210]Plut. Them. 12. Herodot 8. 75. Hier zeigt sich, sollte die Angabe korrekt sein, die Abwesenheit jeglicher Ideologie. Es war kein Problem, einen persischen Hauslehrer zu haben und gleichzeitig in der Politik alles zu tun, um das Perserreich zu schädigen. Sikinnos wurde später reich beschenkt. Vgl. aber Green, 3/4.

[211] Plut. ebd. und Herodot. 8. 75.

Ein Trompetenschall erklang und darauf setzten sich die Schiffe in Bewegung, erst langsam, dann immer schneller, in guter Schlachtordnung. Ein Kriegsschrei war zu hören: "O Söhne der Griechen, auf!, und befreit die Heimat! Die Kinder! Die Frauen! Die Schreine unserer Götter und die Gräber unserer Väter! Laßt uns für sie kämpfen!"[212]

Der Angriff traf den Feind genau beim Einfahren in den Sund, das heißt, die persischen Geschwader hatten keine Zeit gehabt, Aufstellung zu nehmen, als die griechischen Trieren die Kampfhandlungen schon eröffneten. Die persischen Schiffe kamen einander in die Quere und blockierten sich gegenseitig, während die griechischen Schiffe aufeinander abgestimmt gemeinsam zum Schlagen kamen.

Nach dem ersten Aufeinanderprallen brach die Schlachtreihe der Flotte auf und es begannen die Einzelmanöver, deren Ziel es immer war, das gegnerische Schiff zu rammen und zu versenken. Weil es fast unmöglich war, die Kommunikation zwischen den einzelnen Schiffen aufrechtzuerhalten und weil übergeordnete Kommandos nur zu Beginn der Schlacht gegeben werden konnten, ist mit mehr Berechtigung von einer enormen Zahl von Einzelgefechten zu sprechen, als von einer einheitlich gelenkten Schlacht. Gleichzeitig mit den Rammattacken fanden über Deck Gefechte mit Wurf- und Schußwaffen statt. Wie groß die Rolle des Enterns bei Seegefechten mit Trieren war, ist umstritten, aber eine entscheidende Rolle wird es nicht gewesen sein.

Genaues über Aufstellung und Vorgehen ist nicht bekannt, nur, daß das Athenische Kontingent, zu dem auch plataiische und chalkidische Besatzungen gehörten, rechts nach Norden vorstieß, während die Aigineten den linken Flügel bildeten. Offenbar brachte ein Täuschungsmanöver den Sieg und die Perser mußten sich nach Phaleron zurückziehen. Auch auf den Inseln der Bucht, Psyttaleia[213] und Hagios Georgios wurde gekämpft.

Herodot berichtet, daß kurz vor der Schlacht riesige gewappnete Heroenerscheinungen ihre Arme über dem griechischen Heer ausstreckten, als wollten sie die griechischen Waffen segnen. Er läßt Themistokles nach dem Sieg ausrufen: "Nicht wir ha-

---

[212] Aeschyl. 401. Waren das die Worte ein allgemein bekannter Kriegsschrei oder der Ruf eines der Anführer? Podlekki, 62, glaubt sogar, daß es Themistokles gewesen sein könnte. Für die zweite Ansicht vgl. Broadhead 124. Die erwähnte Trompete maß etwa einen Meter und war bei günstigem Wetter 50 Stadien weit zu hören = 10 Kilometer. Aeschylos spricht von 310 Schiffen, bei Herodot sind es 380.

[213] Hier befehligte Aristeides Hopliten und Schützen. Eine andere interessante Figur auf Seiten der Perser war die Königin Artemisia von Halikarnassos, die ihre 5 Schiffe bei Salamis persönlich befehligte und auf der Flucht vor ihren Verfolgern ein verbündetes Schiff rammte, um die Verfolger über ihre Zugehörigkeit zu täuschen. Auf sie setzten die Athener später aus gekränktem Mannesstolz ein Kopfgeld von 10 000 Drachmen aus. Vgl. Aristoph. Lys. 675. Herodot. 8. 87.

ben dies vollbracht, sondern Götter und Heroen, die es dem einen Manne nicht gönnten, König von Asien und Europa zugleich zu sein!"[214] Über Herodots Geschichtsbild ist schon gesprochen worden.

Jedenfalls erlitt die persische Flotte am Tag von Salamis eine schreckliche Niederlage und Themistokles errang einen seiner größten Siege, sowohl seiner Strategie, seiner Karriere als Befehlshaber - er befehligte einen Flottenabschnitt bei Artemision und den Athenischen Truppenverband bei Tempe[215], als auch seiner Politik insgesamt. Doch selbst unmittelbar nach der Seeschlacht drängte er auf weiteres Handeln: Er forderte, die persische Rückzugslinie im Norden sofort anzugreifen, um auch das Landheer unter Mardonios zu vernichten, um wiederum die persische Gefahr endgültig zu beheben.[216] Das aber lehnten die Bündner ab, schließlich stand das persische Heer unter Mardonios' Kommando noch unbesiegt mitten im Festland, und seine Agenten versuchten, die Allianz der Griechen zu spalten. Themistokles soll dann eine zweite Nachricht an Xerxes geschickt haben, in der er ihn davor warnte, in Griechenland zu bleiben, weil die Verbündeten sich nun gegen die Rückzugslinie richten würden.[217]

Diese zweite Nachricht ist geeignet, uns einige Rätsel aufzugeben. Wenn die Absicht darin bestand, das persische Heer ganz zu vernichten, wäre es dann nicht sinnvoller gewesen, den Feind möglichst weit in Feindesland hineinzulocken und ihn vom Nachschub abzuschneiden, anstatt ihn nach Norden zu bewegen?

Es ist aber auch denkbar, daß Themistokles hoffte, das Perserheer ohne Schlacht zu besiegen, indem er es dem gefährlichen Rückzug über die herbstliche Meerenge aussetzte. Die Herbststürme hatten, wie es sich bei Artemision gezeigt hatte, äußerst zerstörerische Wirkung. Hoffte er womöglich in der Tat auf einen erfolgreichen, das heißt sicheren Rückzug des Feindes?

Eine andere Erklärung kann aus der Perspektive der Nachgeschichte gegeben werden. Themistokles wählte als endgültigen Zufluchtsort seines Exils die kleinasiatische Küste, nachdem er sich dem Großkönig gestellt und ausgeliefert hatte. Sollte er bereits unmittelbar nach der Schlacht seine Zukunft in Athen in Gefahr gesehen haben und für kommende Probleme Vorsorge getroffen haben - ein weiteres Auftreten

---

214 Herodot. 8. 109. Papastavrou, 69.

215 Plut. Them. 7 und Herodot. 7. 173. Nepos. Them. 3.2.

216 Herodot. 8. 108 und Plut. Them. 16. Was - sehr unwahrscheinlich - voraussetzt, daß die Ponton-brücke zu diesem Zeitpunkt noch intakt war.

217 Nepos. Them. 5.1 Sikinnos, der Überbringer der ersten Botschaft taucht bei Herodot (wohl eher aus dramaturgischen Gründen) auch in diesem Zusammenhang wieder auf.
Herodot. 8. 110.

seiner zweigleisigen Vorgehensweise? Athen war gebrandschatzt worden und die Athener waren für ihre Unberechenbarkeit bekannt. Er wäre nicht der erste gewesen, demgegenüber die Athener sich als undankbar erwiesen und außer Landes gejagt hätten. Plutarch berichtet, daß Themistokles sich gerne mit einem Baum verglich, unter dem man dankbar Schutz sucht, wenn es regnet und stürmt, aber dessen Zweige und Blätter man dann wieder ohne Zögern ausreißt, wenn man an einem schönen Tag daran vorbeispaziert.[218]

Möglicherweise handelt es sich aber bei dieser zweiten Botschaft an Xerxes auch nur um eine weitere Legende, eine jener zahlreichen Zusatzgeschichten, deren Urheber nicht mehr auszumachen sind, die aber überall wieder auftauchen, weil sie so gut zu einem anderen Teil der Geschichte passen und das Bild abrunden.

Herodot berichtet, daß Xerxes nach Salamis den Rückzug befohlen habe und lediglich Mardonios mit einer Streitmacht von etwa 300 000 Soldaten zurückließ. Der enorme Rest der Armee trat den Rückmarsch an, wobei Xerxes nach einer Bemerkung Herodots nur mit einem geradezu lächerlichen Teil die Heimat erreichte. Hunger, Krankheit und Unglück vernichteten mehr als 1 500 000 Mann. Eine geradezu bombastische Zerstörung persischer Macht und eine gründliche Bestrafung persischer Hybris, wie sie nicht besser zu Herodots Anliegen passen könnte.

Warum unternahmen die Perser einen zweiten Anlauf, Hellas zu unterwerfen? Herodot erklärt den Zug des Mardonios in erster Linie mit dessen, Mardonios, Ehrgeiz, König von Griechenland zu werden.[219] Erst in zweiter Hinsicht kamen für ihn die Revanchegelüste des Großkönigs in Betracht, der völlig in Einklang mit Herodots Theorie von dem hybriden persischen Traum, globale Herrschaft erringen zu können, seine Großmachtpolitik konsequent erst in Ägypten, dann in Hellas zu realisieren versuchte. Es war in den Augen Herodots nur gerecht, wenn die Götter solches Streben zunichte machten und sich für diesen Zweck der freien Griechen bedienten.

Rachegelüste als Kriegsgrund hatten indessen bei den Erklärungen des Aeschylos eine hauptsächliche Rolle gespielt; Herodot verweist ferner auf Griechenlands Reichtum, Europas fruchtbares Land. Zuletzt mögen die exilierten Peisistratiden das Ihre dazu beigetragen haben, den Großkönig für einen Kriegszug zu gewinnen, der jedoch im Gegensatz zu den Plänen des Großkönigs auf Hellas beschränkt sein wür-

---

218 Plut. Moral. Them. 13. Jonathan Swift sprach sogar von einem Krieg der Athener gegen geniale Männer, die zunächst unter Anklage gestellt wurden, aber von späteren Generationen hoch verehrt wurden, sein Beispiel war Themistokles. (A Discourse)
219 Herodot, 7, 5.

de. Die Peisistratiden strebten ganz im Gegensatz zum Großkönig nicht nach der Weltherrschaft.[220]

"Die Schlacht bei Salamis (Ende September 480) hat den Feldzug des Jahres entschieden. Xerxes' Siegeszug vom Olymp bis an den Isthmos war zum Stehen gebracht. Den errungenen Sieg strategisch auszunutzen, waren die Griechen jedoch nicht imstande", stellt Hermann Bengtson bedauernd fest.[221] Vielleicht wäre durch weiteres Blutvergießen die unmittelbare Lage auch nicht wesentlich verändert worden, möglicherweise hätte sich durch eine solche riskante Unternehmung das Blatt noch einmal zu Ungunsten der Griechen gewendet. Mardonios jedenfalls bezog sein Hauptquartier in Thessalien; von dort aus wollte er weitere Operationen planen und durchführen. So eroberte er etwa das bereits geräumte Athen ein zweites Mal und brannte es erneut nieder. Gegen ihn entsandten die Spartaner schließlich ein Heer von 5 000 Spartiaten, 35 000 Heloten und 5 000 Perioiken.[222]
Es ist einerseits dem Mut der Athener zuzuschreiben, daß sie sich letztlich doch für den Kampf entschieden haben, aber andererseits sicher auch der eminenten Rolle des Themistokles als Politiker.[223] Man hatte sich zu recht vor Xerxes gefürchtet, der sogar davon abgesehen hatte, griechische Spione zu bestrafen oder gar hinrichten zu lassen, wenn welche aufgegriffen wurden, vielmehr ihnen Gelegenheit gegenben hatte, sich in seinem Heer frei umzusehen, bevor er sie wieder fortschickte.[224] Das ist eine Art Gegenzug der psychologischen Kriegführung gewesen, derer man sich ja auch griechischerseits bedient hatte, als man an den Küsten Ioniens Inschriften abringen ließ, die zur Rebellion aufriefen und die das Vertrauen des Großkönigs in seine kleinasiatischen Untertanen untergraben sollte.

Auf der Insel von Salamis hatten sich die beiden Kontrahenten Themistokles und Aristeides versöhnt, dessen Rückkehr über ein Psephisma geregelt worden war, das alle Verbannten vorzeitig in die Heimatstadt zurückrief.[225] Letzterer hatte als Befehlshaber einer Einheit von Bogenschützen gedient, was man später dadurch hono-

---

[220] Vgl. die Reden des Xerxes und Mardonios in Herodot 7, 8 und Bichler zur Frage eines persischen "Cäsarenwahns", der in Herodots Narration durch Traumgesichte und Visionen impliziert wird (7,18). Diese Sichtweise steht bei Aeschylos an zentraler Stelle, Perser, 718.

[221] Bengtson, 146.

[222] Herodot, 9, 11.

[223] Papastavrou, 46/47 Diodor. Frag. 34.10. "Ich erkläre, daß ich mich angesichts des Perserheeres nicht in Schrecken versetzt fühle; denn durch Tapferkeit, nicht durch Masse wird der Krieg entschieden."

[224] Plut. Mor. Xerxes 4.

rierte, daß er zum Strategen gewählt wurde. Offenbar endete an diesem Punkt die jahrzehntelange Feindschaft zwischen den beiden Männern, vielleicht, weil beide den Höhepunkt ihrer Karrieren schon überschritten hatten und dies wußten, oder vielleicht, weil der gemeinsam errungene Sieg die ewigen Streitereien für den Moment lächerlich erscheinen ließ.

Wir wissen nicht wann die folgende Anekdote zwischen Aristeides und Themistokles anzusiedeln ist, vermutlich zwar in den Jahren vor Salamis, aber sie verdeutlicht in jedem Fall doch den Charakter der alten Konkurrenz sehr gut, die auf Salamis angeblich ihr Ende fand.

Themistokles und Aristeides wurden gemeinsam als Botschafter in eine andere Stadt ausgesandt. An der Stadtgrenze sagte Aristeides: "Bist du einverstanden, Themistokles, daß wir unseren Zwist hier an der Grenze ablegen, und ihn dann später, wenn es dir genehm ist, auf der Rückreise wieder aufnehmen?"[226] Nach Salamis nun wurde der Zwist, wie es scheint, nicht wieder aufgenommen, was allerdings nicht bedeuten sollte, daß die Schwierigkeiten ein Ende gefunden hatten, mit denen Themistokles zu kämpfen hatte.

Mardonios Zug erreichte mit Megara den westlichsten Punkt seiner Expedition. Dorthin hatten sich ebenfalls die Lakedaimonier unter Pausanias begeben. So standen sich die Gegner gegenüber. Auf der einen Seite Mardonios, der in der Nähe von Theben über ein Rückzugslager verfügte, aber ansonsten sein Heer nicht weiter schützen konnte, auf der anderen Seite das Aufgebot von Spartanern, Athenern und Megarern. Diese Frontstellung dauerte über eine Woche, bevor der Kampf begann und mit dem Untergang des persischen Heeres und dem Tod des Mardonios endete.[227]

Themistokles' Triumph wurde von ganz Griechenland getragen, als ihm die griechischen Heerführer am Isthmos die Ehrung der Aristeia verliehen, wobei sein Name für den zweiten Platz am häufigsten genannt wurde. Den ersten Rang hatten sich die Beteiligten aus Neid und Mißgunst den anderen gegenüber jeweils selbst zuerkannt,

---

[225] Plut. Arist. 8. Herodot 8. 79.

[226] Plut. Moral. Arist. 3.

[227] Bichler, 354 untersucht Herodots Beschreibung der Schlacht und ihrer Vorgeschichte aus der Perspektive, daß die geschilderten Opfer, Reden, Kampfhandlungen und Triumphe Sinnbilder für zeitgenössische Fragen der Epoche Herodots seien.

sich aber schließlich darauf geeinigt, daß der Staat der Aigineten ihn erhalten sollte.[228]

Die Spartaner erwiesen Themistokles nach Abschluß eines Besuches bei König Pausanias die Ehre eines Geleitzuges, der sonst nur Königen zugedacht war: 300 Hippeis, Ritter, der Spartiaten begleiteten ihn bis zur tegeatischen Landesgrenze. Außerdem erhielt er den schönsten Wagen, der in ganz Sparta zu finden war, als Geschenk.

Was haben Themistokles und König Pausanias bei diesem Treffen besprochen? Beide waren zu diesem Zeitpunkt zwar noch nicht angeklagt, aber bereits im Brennpunkt der Aufmerksamkeit, die immer feindseliger zu werden drohte, wie es immer der Fall war, wenn Männer des öffentlichen Lebens zu erfolgreich wurden. Sicherlich ging es um das Perserheer im Norden und die weitläufige Perspektive der griechischen Politik. Nur wenn man die militärischen Erfolge der unmittelbaren Vergangenheit weiter ausbaute, konnte der Frieden dauerhaft sein. Das aber hieß auch, daß man sich mit dem Großkönig einigen mußte, um sich nicht der Gefahr eines Dauerkrieges auszusetzen.

Der Weg einer verlängerten militärischen Konfrontation war kaum zu gehen, denn erstens war das Perserreich militärisch fast unerschöpflich, zweitens war es keineswegs sicher, wie weit die Griechen selber bereit wären, die Strapazen und Opfer eines solchen Krieges zu tragen. Eine Einigung mit dem Großkönig war aber gerade dann aussichtsreich, wenn man aus einer Position der Stärke heraus verhandeln konnte. Diese Position wiederum würde nicht von langem Bestand sein, denn sie setzte voraus, daß die Verbündeten einig blieben und besonders Sparta und Athen hinter den Plänen der beiden im Moment führenden Staatsmänner stünden - doch, wie schnell konnte sich das alles ändern! Die Athenische Demokratie war in ihrer Laufrichtung keineswegs stabil; ihr Kurs war immer schon hin- und herschweifend gewesen, und das mußte den eben errungenen Erfolg gefährden.

In Sparta waren die Ephoren der mächtigste Faktor konservativen Einflusses. Auch sie würden ein Hindernis sein, wenn es darum ginge, neue Wege einzuschlagen. Vor allem die Perspektive der griechischen Einigung gegen das Persische Großreich mußte auf den Widerstand der beharrenden Kräfte Spartas stoßen, weil mit einer panhellenischen Bewegung die alten Kräfteverhältnisse in Hellas verändert würden, was auch die spartanische Staatsform selber in Gefahr gebracht hätte. Die drohende Entzweiung Spartas und Athens wird ebenso Gesprächsthema gewesen sein, wie die

---

228 Plut. Them. 17. Herodot 8. 123.

zur Verhinderung des Bruchs notwendigen Schritte. Es war sicher, daß Sparta nicht ohne Veränderungen aus den Ereignissen hervorgehen konnte. Wie tiefgreifend würden die Veränderungen des Spartanischen Staates sein müssen? Je einschneidender die Maßnahmen, desto größer die Gegnerschaft der Spartiaten. Folglich waren die natürlichen Verbündeten der Neuerer um Pausanias die von der lakedaimonischen Elite unterdrückten Messener.

Ist es möglich, daß Pausanias und Themistokles bei diesem Treffen mehr besprochen haben, als nur die militärischen Optionen der unmittelbaren Zukunft? Wurden hier schon erste Pläne weitgreifender Veränderungen, oder, wie die Gegner des Pausanias und Themistokles gesagt haben würden: Umsturzgedanken erarbeitet? Versuchte Pausanias, Themistokles dazu zu bewegen, an den Vorbereitungen des Helotenaufstandes mitzuarbeiten?

Vorerst jedoch drang nichts dergleichen an die Öffentlichkeit.

Während in ganz Griechenland Themistokles' Ruhm noch erstrahlte, war in seiner Heimat Athen der Höhepunkt seiner Macht schon überschritten, wenngleich seine politische Wirkungszeit noch 10 Jahre dauern sollte. Für die Griechen außerhalb Athens war der Krieg im eigenen Land vorbei, aber den Athenern blieb die eigene Stadt noch in Schutt und Asche. Zweimal hatten die Perser Athen eingenommen, die Häuser und Tempel geplündert und in Brand gesteckt. Zu eng war der Name des Themistokles mit diesem Opfer verbunden und mancher Athener, dessen Haus nun nicht mehr stand, wird sich gefragt haben, ob es nicht besser gewesen wäre, wenn man sich dem Großkönig unterworfen hätte, die Freiheit zwar dem Namen nach verloren zu haben, aber alles in allem doch das alte Leben wieder aufnehmen zu können, schließlich war Persepolis weit, und viele Griechenstädte unter persischer Hoheit genossen soviel Autonomie, daß der Preis, den man nun für die Freiheit Athens gezahlt hatte als unverhältnismäßig hoch erschien. Andererseits, was wäre geschehen, wenn der Großkönig der aufständischen Stadt dann nicht verziehen hätte? An das Schicksal Milets werden sich die Athener in diesen Tagen oft erinnert haben.

480/79 waren Aristeides und Xanthippos zu Strategen gewählt worden; Themistokles erhielt das Amt seines Triumphes nicht zurück, obwohl die Gefahr des Krieges noch nicht gebannt war. Über die Gründe seines Amtsverlusts wissen wir nichts; es ist möglich, daß keine politische Motivation vorlag, es kann aber auch sein, daß sich der Abstieg bereits abzeichnete.

Im Sommer 479 mußte Athen also ein weiteres Mal evakuiert werden, als das persische Heer erneut vor den Toren stand. Hätte man damals auf den Rat des Themistokles gehört und versucht, das Landheer unter Mardonios komplett zu zerschlagen, wer weiß, vielleicht wäre der Stadt dann die zweite Plünderung erspart geblieben? Jedenfalls marschierten daraufhin etwa 30 000 Bewaffnete unter Pausanias (dem Vormund des minderjährigen Sohnes des Leonidas, dem nun vaterlosen Pleistarchos), Truppen aus Korinth, Megara, Aigina, Athen und Sparta Richtung Böotien, wohin Mardonios sich nach getaner Arbeit zurückgezogen hatte. Erst dieser Feldzug vollendete die Befreiung und zerschlug das feindliche Expeditionsheer bei Plataiai endgültig. Fast 150 Jahre lang drangen keine äußeren Feinde mehr auf griechisches Gebiet vor.

Es ist bezeichnend, daß Themistokles' Erfolg mit dem erneuten Triumph der Hopliten bei Plataiai sich dem Ende zuneigte, auch wenn Themistokles an der Schlacht von Plataiai als Befehlshaber seines Stammes teilnahm. Die konservativen Kräfte, deren Symbol stets die Hopliten gewesen waren, gewannen mit dem Triumph ihres Symbols erneut Oberhand.

9.   Vom Verteidiger zum Hegemon

Der Überlegene ist der natürliche Herrscher[229]

Mit dem Ende des Perserzuges übernimmt Thukydides die Rolle des wichtigsten Be-
richterstatters. Herodot hat keine Geschichte der Pentekontaetie verfasst.[230] Damit
endet auch seine Rolle als Gewährsmann für Themistokles, von dem er nur noch berichtet, daß die Athener ihm großes Leid angetan hätten.[231] Die Berichterstattung in
der Folge von Salamis hat den Charakter von lapidaren Erwähnungen und Andeutungen, die dem zeitgenössischen Publikum genügten, da die Ereignisse als wohlbe-
kannt vorausgesetzt werden durften. Zwei Punkte jedoch stehen dabei im Vordergrund. Sowohl Athen als auch Sparta blieben nicht bei der Vorkriegshaltung, sondern versuchten gleichermaßen, den Wirkungsbereich der eigenen Vormacht auszu-
dehnen woran uns die Namen der unterworfenen Tegeaten, Argeier, Zakynther und
Arkader erinnern. Die kleineren Verbündeten der alten Symmachie gerieten dabei
zwangsläufig zwischen die Fronten, wenn sie ihre frühere Eigenständigkeit bewahren wollten oder, schlimmer, die Seiten zu wechseln versuchten.

Krieg hatte es zwischen den Stadtstaaten Griechenlands immer gegeben, allein die
Dimension war eine andere geworden, der Umfang der Bündnisse hatte zugenommen und die Qualität der Bewaffnung zur See hatte ein solches Niveau erreicht, daß
sie die traditionellen Kriegszüge in einen Konflikt verwandelte, der nicht länger nur
zwei Gegner betraf, sondern beinahe die gesamte griechische Welt in zwei Lager
spaltete, wobei die Hauptkräfte dieser beiden Lager, Athen und Sparta, darauf ach-
teten, daß die Zahl der Unabhängigen so klein wie möglich gehalten wurde.

Diese überaus komplizierten Zusammenhänge von wechselnden Bündnissen und
Kampfhandlungen, von Abfall und Unterwerfung geschildert zu haben ist Thukydides' Verdienst. Die Methode, die er zu diesem Zweck anwendete ist der herodotischen weit überlegen, denn die historiographischen Instrumente Herodots hätten versagt, wo Thukydides Meistergriff an Meistergriff fügt.

---

[229] Demokrit, 146.

[230] Bichler, 369. "(...) doch läßt das Netzwerk von Linien die da und dort aus der heroisierten Vergangenheit zu den
späteren Verhältnissen und den Zuständen der unmittelbaren Gegenwart von Autor und Publikum gezogen sind, die
Kontinuität des Wandels sichtbar werden (...)"

[231] Herodot, 8,109.

So führt Herodot etwa die Gestalt des Perikles noch ganz im Stil der traditionellen Königsbiographien mit der Erwähnung eines Traumgesichts ein, das Agariste, seine Mutter, kurz vor der Entbindung gehabt haben soll. Solche Traumbilder stellten Perikles ikonographisch in den Nähe von Tyrannen und Königen.[232] Wenn Herodot sich mit dieser Erwähnung begnügt, so gibt sie doch wesentlich über das zugrundeliegende Weltbild Auskunft.

Thukydides hat einen anderen Blick auf die Geschichte. Er sieht keine Götter walten, er findet im Untergang keine Bestrafung für Hybris, er verzweifelt nicht offen an der Ungerechtigkeit der Welt. Somit ist seine Aufgabe als Historiker die Suche nach den ewig menschlichen Beweggründen, nach den Besonderheiten der Einzelperson und nach den realpolitischen Gegebenheiten einer geschichtlichen Entwicklung, sofern nicht das Unberechenbare mitwirkt. Georg Peter Landmann beschreibt in der Einführung zum seiner Thukydides-Übersetzung diese Suche nach Gründen, indem er thukydidische Fragen auflistet:

Wie messen sich im Kampf Seemacht und Landmacht, Volksstaat und Adelsstaat, rasch entschlossene Händler und zäh bedächtige Bauern, ein straff gelenktes Reich und ein Staatenbund? Läßt sich der Vorsprung langjähriger Übung durch Anspannung und Erfindung einholen? Wie hält man Verbündete fest, wie straft man Abtrünnige? Ja, was ist der Sinn der Strafe? Etwa Rache des Siegers? Kann eine Demokratie Untertanen beherrschen? Und weiter: handeln die Menschen in Wirklichkeit nach dem Recht oder nach ihrem Vorteil? Kommt es auf Geist und Rede an oder bloß auf Tun? (...) Wann hat es Sinn zu hoffen?[233]

Die Schlachten von Plataiai,[234] Mykale und Eion jedenfalls befreiten Griechenland soweit vom persischen Einfluß, daß für das Festland auf absehbare Zeit keine Gefahr mehr drohte; allenfalls die Inseln der kleinasiatischen Küste waren noch nicht vollständig sicher: um diese entbrannte somit auch der Konflikt der folgenden Jahre,[235]

---

232 Bichler, 375.

233 Landmann, Thukydides, 7.

234 Plut. Mor. Paus. 6. Pausanias soll nach dem Sieg mit seinen Leuten das Speisezelt der persischen Offiziere besichtigt haben und als er das ganze Goldbesteck sah, gesagt haben: "Bei allen Göttern, der Perser muß wirklich ein unbegreiflich habgieriger Mensch sein, wenn er all das hier schon hat, und dann trotzdem herkommt, unseren armseligen Gerstenkuchen zu rauben." Vielleicht ist dieser Moment ein Wendepunkt in seinem Leben gewesen; denn er soll später in Byzanz nur noch persischer Art gelebt haben. Plataiai war ein erneuter Triumph der griechischen Fußsoldaten, die Athener diesmal unter Aristeides' Befehl. Vgl. Thuk. I. 130. und Diodor. Fragment. 34.4., Herodot 7, 107. Anders als Thukydides, der in der Eroberung dieser Stadt den Beginn der athenisch spartanischen Auseinandersetzung sieht, (I, 98,1) erwähnt Herodot dieses Ereignis nur am Rande.

235 Quinn, 6ff.

wobei das Verhalten der betreffenden Staaten während der Zeit von Salamis maßgeblich zu ihrer weiteren Behandlung beitrug[236] und nicht so sehr das Gedenken der gemeinsamen Vorfahren, auf die man sich noch 480 bezogen hatte, um den Bund zu retten.[237]

Athen zog mittels seiner Flotte vor allem diejenigen Staaten zur Rechenschaft, die während der Kampfhandlungen von der Symmachie abgefallen und zu den Persern übergelaufen waren. Im Peloponnesischen Krieg später würde genau darin das Hauptproblem und die größte Anstrengung des Seebundes liegen, nämlich abgefallene Bundesgenossen zu bestrafen und wieder in die eigenen Reihen zu zwingen. Herodot unterstellte Themistokles, daß er bei solchen Operationen, etwa gegen Karystos und Paros in die eigene Tasche gewirtschaftet habe, anstatt die Bußgelder dem Bund zuzuführen.[238]

Themistokles hat, anders als der spartafreundliche Kimon, die Veränderungen innerhalb des Bundes genau wahrgenommen und erkannt, daß eine Konfrontation mit der früheren Führungsmacht in Griechenland, Sparta, nicht ausbleiben würde.

Deshalb mußten Athen und der Piraeus so schnell wie möglich wieder aufgebaut werden, vor allem aber die Stadtmauer der Asty. Sparta hatte von einem Festungsbau abgeraten, denn in Sparta gab es auch keine Stadtmauer aus Stein. Agesilaos der Große soll einmal auf die Frage, warum Sparta denn keine Befestigungen habe, auf bewaffnete Spartaner gezeigt haben: "Diese sind Spartas Mauer".[239]

Thukydides vermutet, daß die Spartaner weniger aus Furcht vor einem weiteren persischen Einfall für den Abriß aller Festungen waren, auch Thebens, sondern eher deshalb, weil sie "Athen fürchteten, wegen der bisher nie erreichten Stärke seiner Flotte und seines im Perserkrieg bewiesenen Mutes."[240]

Es ging wohl wirklich nicht darum, einem zukünftigen Feind feste Angriffspunkte zu nehmen, auch wenn der spartanische Plan vorsah, daß alle Verbündeten auf der Peloponnes Schutz finden würden (wenn auch nur schwerlich genug Nahrung). Während Themistokles bei seinem Aufenthalt in Sparta nun die Beratungen absichtlich hinauszögerte, sandte er Boten nach Athen, damit, so schnell es ging, ein Befe-

[236] Quinn, 53 und 101.
[237] Herodot. 7. 22.
[238] Herodot. 8.111. Vgl. aber für eine Verteidigung des Themistokles Plut. De mal. Herod. 871C. ebenso Plut. Them. 21.
[239] Plut. Mor. Agesil. 29.
[240] Thuk. I. 89. Aristeides und Habronichos kamen später nach. (I. 91.) und meldeten die Fertigstellung der Brustwehr. Daraufhin habe Themistokles den Spartanern die neue Lage offen auseinandergesetzt. Vgl. Gomme, Commentary, 274: "It is part of Thucydides' purpose to show how a loose confederacy became a more or less well organized empire."

stigungsring um die Stadt gezogen werde, der mindestens brusthoch sein sollte. Außerdem sollte eine spartanische Gesandtschaft, die sich zur gleichen Zeit in Athen aufhielt, um Gerüchte über einen angeblichen Mauerbau rings um Athen zu überprüfen, unter Vorwänden hingehalten werden, bis er selbst unbeschadet wieder zurückgekehrt sei.[241]

Schließlich stand Sparta vor der vollendeten Tatsache der Athener Mauer, der man das Tempo ihres Baus gut ansah, Steine aller Größen und Formen waren eingearbeitet worden, Grabsteine und Säulen aus bestehenden Gebäuden ebenso wie unbehauene Brocken aus der Natur. "Sie holten in der Hast alles, was sie fanden", heißt es bei Thukydides.[242] Die phalerische Mauer und die Große Nordmauer entstanden allerdings erst Mitte der sechziger Jahre; die Bautätigkeit zog sich später aufgrund des Umfangs noch weiter in die Länge.

Die spartanische Regierung hat dieses nicht ganz korrekte Vorgehen, als sie davon erfuhr, nicht als feindliche Handlung aufgefaßt, aber mit Verwunderung und argem Befremden zur Kenntnis genommen. Themistokles' Ansehen war nun auch in Sparta stark beschädigt; von ihm erwartete man künftig weitere Unaufrichtigkeiten und Schwierigkeiten: eine folgenschwere Schwächung seiner Position.

Eine verhängnisvolle Entwicklung hatte begonnen, in deren Verlauf die einstigen Verbündeten gegeneinander Krieg zu führen begannen, wie etwa in der Schlacht von Tanagra, als Athener und Argeier von Sparta besiegt wurden.[243]

Im Archontenjahr des Timosthenes, 478/7, schlossen sich ionische und äolische Staaten unter Athens Vorherrschaft zu einer besonderen Konföderation zusammen.[244] Neben der großen panhellenischen Verteidigungsallianz war damit eine neue Körperschaft ins Leben getreten, die allein durch ihre geographische Ausrichtung nach Osten und auf die kleinasiatische Küste hin offensivere Ziele vertreten mußte als die alte Symmachie, auch wenn sie nur defensiv bleiben wollte.

Insbesondere Chios, Lesbos und Samos als mächtigere Mitglieder verpflichteten sich, Schiffe für diesen Zweck zu stellen, während die kleineren Poleis, die über keine Flotten verfügten, Beiträge zu entrichten hatten. Gedacht waren diese soge-

---

[241] Plut. Them. 19. Thuk I. 90. Nepos. Them. 6. Westlake, 49. über die Glaubhaftigkeit dieser Angaben.

[242] Thuk. I. 93.

[243] Herodot bedauert diesen Krieg ausdrücklich (9, 35), Thukydides berichtet von einer hohen Zahl von Opfern, I, 107,4.

[244] Der Begriff "Delisch-Attischer Seebund" ist nicht zeitgenössisch. Vgl. Finley, 105/6.

nannten Phoroi nicht als Tribut-, sondern als Ausgleichszahlungen für die nicht entsandten Schiffe.[245]

Jedes Bundesmitglied verfügte unabhängig von seiner Größe über eine Stimme. Die Höhe der Beiträge wurde von Aristeides auf insgesamt 460 Talente festgelegt; diese Summe veränderte sich über 50 Jahre hindurch nicht. Alle vier Jahre konnte der Betrag erneut eingezogen werden.

Stationiert war die Bundeskasse zunächst in Delos, wo auch die Versammlungen unter Athens Leitung stattfanden, später wurde sie nach Athen überführt, wo ihr Inhalt dem Ausbau der großen, heute noch berühmten Prunkbauten diente.

Die exakte Größe des Bundes ist nicht genau zu ermitteln, aber anhand der fragmentarisch erhaltenen Beitragslisten läßt sich zeigen, daß bis in die fünfziger Jahre hinein Neueintritte zu verzeichnen waren. Die größte Ausdehnung kann demnach um 455/4 angenommen werden, doch schon wenige Jahre nach dem Zusammenschluß fanden bereits die ersten Abfallversuche statt, die immer ein Vertragsbruch waren, weil man den Bund auf ewige Zeiten geschlossen hatte. Somit war Athen mit seinen Strafaktionen formal stets unangreifbar, ja als Haupt des Bundes sogar dazu verpflichtet.

Bei den Strafaktionen gegen die perserfreundlichen Staaten ging es zunächst um die Erfüllung des erwähnten Bundeseides, nach dem alle Staaten, die nicht für die Allianz Partei ergriffen hatten, zu einem delphischen Zehnten verpflichtet wurden. Doch schon bald wurde das umfangreiche Flottenbauprogramm Athens, sowie der weitere Ausbau des Piraeus, wohl noch 477/6 unter der Leitung des Themistokles, durch die Einkünfte der Strafaktionen wesentlich mitfinanziert[246]

Während nun Sparta sich selbst seiner Führerrolle entledigte oder vielmehr damit rechnete, daß auch Athen die Vorkriegsrolle wieder übernehmen würde, ging Athen dazu über, seine Bundesgenossen zu Zahlungen oder Bereitstellung von Schiffen zu zwingen und einen bisher ungekannten Militärapparat aufzubauen. Der Sturz des Pausanias tat ein Übriges, die übrigen Griechen davon zu überzeugen, daß Athen die würdigere Stadt vor Sparta sei.

Dieser Sturz des Pausanias und die Flucht des Themistokles aus Athen waren im Altertum so wohlbekannte Tatsachen, daß sie in der zeitgenössischen Geschichtschreibung jeweils nur knappe Erwähnung finden mußten. Aus diesem Grund sind

---

245 Bengtson, 162.

246 Herodot. 8. 111 und Kallet-Marx, 42: "Themistocles' method of extorting money from the islanders who had not supported the hellenic cause could only have made many uncomfortable".

wir heute relativ schlecht informiert, was die großen Züge der Geschehnisse betrifft, aber häufig erstaunlich genau in Kenntnis gesetzt, was unbedeutende Kleinigkeiten betrifft.

Strafexpeditionen gegen abgefallene Bundesgenossen wurden in der Regel gemischten Kommandos des Bundes unter Athens Führung anvertraut. Kimon, Miltiades Sohn, sei als einer der führenden Strategen genannt, die sich durch ihre Effekivität einen Namen machten. Unter seinem Oberbefehl wurde Thasos zwei Jahre lang belagert, bis der Inselstaat seinen Aufstandsversuch nicht nur mit der Schleifung seiner Verteidigungsmauern und der Auslieferung aller Kriegsschiffe bezahlen mußte, sondern obendrein noch mit dem Verlust seiner Erzvorkommen, die Athen komplett konfiszierte. Schließlich wurden noch weite Teile des Landbesitzes eingezogen.[247] Hätte sich der Großkönig von Persien diesen Städten gegenüber anders verhalten?

Kimon im übrigen trat jetzt an Themistokles' Stelle gegenüber Sparta. Seine äußerst prospartanische Haltung - er hielt die Tradition der alten Waffenbrüderschaft noch hoch - war bekannt.[248] Kimon wird für die Spartaner außerdem ein wesentlich umgänglicherer Verhandlungspartner gewesen sein, als der wendige Themistokles, den man zwar respektierte, aber vielleicht nicht mehr mochte. Themistokles war den Spartanern unbequem geworden, was sich auch in seinem Widerstand gegen den spartanischen Vorschlag äußerte, alle neutralen Poleis von 480 genauso wie diejenigen, die zum Feind übergelaufen waren, aus der Amphyktionie auszuschließen, was zu einer unbedingten Vormachtstellung Spartas geführt hätte. Themistokles sah Athens Zukunft nicht mehr in dem alten Kampfbund der Griechen, sondern vielmehr an der Spitze eines völlig neuen politisch-militärischen Gebildes.

Nun wird sein Auftreten seltener und spielt sich auf niedrigerer Ebene ab. Er leitete zum Beispiel eine Delegation nach Delphi, die dem Orakel Dankesgaben überbringen sollte.[249] Aber seinen Stolz, oder seine Hochnäsigkeit wird er auch dann nicht abgelegt haben, als die Tagespolitik wieder Einzug gehalten hatte und er nicht mehr nur der Held des Tages von Salamis war. Auf die Bemerkung eines Mannes aus Seriphos, daß er, Themistokles, im wesentlichen berühmt sei, weil seine Stadt berühmt sei, reagierte er mit der uncharmanten Bemerkung: "Was du sagst ist ziemlich rich-

---

[247] Thuk. I . 101.
[248] Plut. Kim. 16. Them. 20.
[249] Paus. 10. 14.12.

tig: wäre ich aus Seriphos, dann wäre ich sicherlich nicht berühmt geworden, genausowenig wie du berühmt geworden wärst, kämest du aus Athen."[250]

Obwohl Thasos' Schicksal - vor allem was die Landkonfiskationen betrifft - ein
Sonderfall war (normalerweise wurden nur Zahlungen oder Schiffe verlangt), teilten
doch viele Staaten ein ähnliches Los, wie etwa Naxos, Euboia, Samos und Lesbos.
Es lassen sich mehrere Arten der Herrschaftsausübung in diesen Jahren unterscheiden, wobei wie im erwähnten Fall häufig Mischformen auftraten. Es handelte sich
insbesondere um Verpflichtung zum Kriegsdienst; Verpflichtung zu Tributzahlungen; Landenteignungen mit oder ohne anschließender Besiedlung durch den Hegemonialstaat, ökonomische Ausbeutung durch Sonderzölle, monopolisch von Athen
geleitetem Export bestimmter Produkte und Materialien und schließlich die direkte
Manipulation des innenpolitischen Lebens durch Athener Gesandte und Proxenoi.[251]

Nach der Schlacht am Eurymedon war das formale Ziel des Bundes erreicht: 200
phönizische Trieren lagen auf Grund, wovon sich die persische Flotte als Ganzes
nicht schnell wieder erholen würde, doch der Bund der Griechen löste sich nicht auf,
genauer gesagt, Athen verhinderte seine Auflösung. Dazu war die Stadt durchaus
berechtigt, weil man zur Bekräftigung der Gründung Metallbarren im Meer versenkt
hatte um die Ewigkeit des Zusammenschlusses zu betonen: erst, wenn die Barren den
Fluten entsteigen würden, käme der Bund zu seinem Ende.[252] Die Barren taten den
Athenern den Gefallen und blieben im Meer, also blieb auch der Bund bestehen. Aus
dem Verteidigungsbund hatte sich ein Bündnis um seiner selbst willen entwickelt,
oder, wenn man so will, ein Bund, dessen einzige Aufgabe darin bestand, die Macht
Athens zu bewahren und zu erweitern.
Für die weitere Expansion der Athener Einflußsphäre, die um die Mitte der fünfziger Jahre ihren Höchststand erreichte, sind aber lediglich zwei Kategorien von Bundesgenossen von unmittelbar militärischer Bedeutung gewesen, die Tributzahler und
die Schiffsmächte, wovon die erstere an Zahl immer weiter zu - die andere immer
mehr abnahm, so daß in den letzten Jahren nur noch Chios und Lesbos aktive Kontingente stellten.

---

[250] Plut. Mor. Them. 7. Vgl. Platon. Staat. 329E und Cicero de senect. 3.8. für den Mann aus Seriphos.
[251] Finley, Democracy, 107.
[252] Finley, Empire, 106 und Bengtson, 165: Es traten unter dem Eindruck des Sieges aber auch viele Gemeinden Kariens in den Bund erst ein.

Auf diese Weise traten zwei Umstände zutage: Erstens die Umwandlung der Bundesflotte in eine Athenische Flotte, die aber noch von den Bundesgenossen finanziert wurde, und zweitens die zunehmende Wehrunfähigkeit der Mitgliedsstaaten.[253]

Der Übergang von aktiven Schiffsbeiträgen zu Tributzahlungen hatte aber - gerade für kleinere und ärmere Staaten - noch den Sinn, daß der Bau einer Triere nach der Fertigstellung sich nicht in der Weise auszahlte, wie der Bau eines Handelsschiffes. Wartung und Bemannung waren aufwendiger und das Fahrzeug war nur für militärische Fahrten zu gebrauchen, in deren Verlauf ein Verlust oder eine Beschädigung des Schiffes wahrscheinlich war. Diese finanziell schwächeren Staaten wurden so davor bewahrt, Investitionen zu tätigen, die sich nicht rechneten. Der Hauptprofiteur jedoch war Athen.

Was den Bund auszeichnete, war nicht so sehr die Tatsache, daß Tribut an einen Hegemon gezahlt werden mußte, als daß ein neues Gebilde entstanden war, dessen schiere Anzahl tributpflichtiger Mitglieder bislang gekanntes Bundeswesen übertraf.[254] Zwang gegenüber schwächeren Bundesgenossen war indessen keineswegs eine neue Erfindung.

Nach dem Ende der äußeren Bedrohung stieg Athen zur ersten Macht Griechenlands nicht zuletzt deswegen auf, weil Sparta sich auf die Peloponnes zurückzog, wo enorme Spannungen mit den Argivern, Arkadern und Tegeaten die Kräfte des Staates banden und so Athen das Feld der Expansion überließ. Diese Expansion war seitens Athens nur deshalb möglich, weil keine oder nur wenige Streitkräfte in der Stadt selber eingesetzt werden mußten und sie somit für den Flottendienst bereitstanden (aufgrund der Mauer und weil keine Urbevölkerung zu kontrollieren war, die wie in Sparta als Bedrohung empfunden wurde). Die Demokratisierung stabilisierte und garantierte den Bestand der Flotte, damit das Staatseinkommen und damit wiederum die Demokratie selber.

Der Rückzug Spartas ließ die kleineren Staaten Athen gegenüber schutzlos und allein zurück, mit der harten Alternative, dem Hegemon Athen Tribut zu zahlen oder sich den Persern zu unterwerfen.[255] Sparta zog sich zurück, Athen zog hinaus aufs östliche Mittelmeer.

---

[253] Thuk. I. 19 und I. 99: "(...) und sie selbst, sooft sie abfielen, begannen den Krieg ungerüstet und unerfahren."
[254] Quinn, Kap. 2.
[255] Bengtson, 158.

Der Übergang von der lebenswichtigen Verteidigung gegen die persischen Invasoren zu der Aufrechterhaltung des Bundes nach den ersten Siegen, bis hin zur Ausbeutung und Unterwerfung der Bundesgenossen lange nach dem Sieg war unmerklich fließend. Für die Zeitgenossen war das Ende der persischen Vormachtstellung vielleicht nicht so deutlich an einen Zeitpunkt festzumachen, wie für spätere Beobachter: so kann man die Athenischen Disziplinierungen auch verstehen.

Der Marine allgemein kam mit der Verlegung der Kriegsschauplätze auf das Meer eine immer bedeutendere Rolle zu, so daß der Staat mit der stärksten Flotte letzten Endes auch die ganze Region dominieren würde. Athen wuchs in seine Rolle als Hegemonialstaat hinein, während seine Konkurrenten Sparta und Persien aus unterschiedlichen Gründen und auf unterschiedliche Weise zunehmend an Macht verloren. Wenden wir uns noch einmal der Innenpolitik Athens zu: Wer profitierte innerhalb der Stadt von der neuen Herrschaft? Welche Rolle spielte die Expansion für die innere Entwicklung?

Anders als in der Zeit als Athens Stärke sich im Wesentlichen auf Hopliten stützte, war das maritime Athen in hohem Maße abhängig von den unteren Bevölkerungsklassen, die die Ruderbänke füllten oder im Hafen die Schiffe warteten. Es waren nicht mehr die wohlhabenderen Bürger, die sich eine kostspielige Rüstung leisten konnten, sondern Matrosen und Ruderer, die nun das Rückgrat der Macht bildeten. Man kann von einer Zweiteilung der Athener Gesellschaft sprechen: "die Reichen im Heer, die Armen in der Flotte"[256]

Diese Trennung verlief entsprechend des Hoplitenzensus horizontal durch die Bevölkerung. Bisher aber war die untere Hälfte nicht nur von dem Kriegsdienst als Hopliten befreit, sondern auch von den Liturgien, d.h. von Staatsaufträgen an Privatpersonen (meist zum Bau und Unterhalt einer Triere) ausgeschlossen, mit denen teilweise ungeheure Summen verdient werden konnten.

An Seegefechten nahmen fortan Vereinigungen von Privatleuten, sogenannte Naukrarien, im Dienst des Staates teil. In Friedenszeiten dagegen wandten sich die Naukrarien dem Handel zu, aber ohne auf allzu strenge Unterscheidungen zu achten, was nichts anderes hieß, als daß sowohl Krieg als auch Handel auf engste mit der Piraterie verknüpft waren, schließlich ließen sich Trieren nicht als friedliche Transportschiffe nutzen. Die Staatsflotte übernahm diese Kompetenzen, wie die Expedition des Miltiades nach Paros zeigte. Leider mißlang das Unternehmen und konnte deshalb vor den Athenern nicht gerechtfertigt werden, so daß Miltiades, der Held von Marathon, zu einer beträchtlichen Geldstrafe verurteilt wurde.[257] Die Anklage betraf eher das Versagen, als die seeräuberische Absicht.

Das Seegesetz des Themistokles hat das moderne Marinewesen mitbegründet, indem es dem Staat selber die Aufsicht über den Bau und die Wartung der Schiffe übertrug und die Verantwortung für das Gelingen dem Privatmann aus der Hand nahm. Abgesehen von den Möglichkeiten der Beschäftigung, Arbeitsaufträgen und Handel, die Bau und Erhalt der Flotte boten, kamen natürlich die Einnahmen durch siegreiche Belagerungen und regelmäßige Tributzahlungen zu dem neugewonnenen Lebensstandard noch hinzu, wovon alle Teile der Bevölkerung profitierten. Das ging soweit, daß das Liturgiewesen gegen 460/459 mit dem Bau der Poikile Stoa ganz zum Erliegen kommen konnte, da von nun an alle Baukosten vom Gemeinwesen getragen wurden.

Wie schon erwähnt, wurde die militärische Bedeutung der unteren Klassen mit neuer politischer Bedeutung vergolten, Bürgerrechte und Ämter standen nun in größerem Umfang als je zuvor zur Verfügung. Das hatte Folgen für die Staatsorgane:

Nach der Schwächung des Areopags durch das Auslosen der Archonten wurden ihm von anderer Seite entscheidende Schläge zugefügt: durch die Reformen des Ephialtes[258] verlor er, bis auf die Blutgerichtsbarkeit, jegliche politische Verantwortung. Bulé, Heliaia und Ekklesia traten stattdessen an seine Stelle, also insgesamt bedeutend größere Gremien.

Auch Ephialtes, Sohn des Sophonides, stand, wie Aristeides, im Ruf der Unbestechlichkeit. Er führte, zunächst gemeinsam mit Themistokles, nach dessen Abschied von Athen dann allein mehrere Prozesse gegen einzelne Areopagiten wegen mangelhafter Amtsführung zu einem erfolgreichen Ende, bis er im Archontenjahr des Konon (462/1) dem Rat alle Funktionen entzog, die ihn als Wächter der Verfassung gestützt hatten. Zu diesem Zeitpunkt kann Themistokles nicht mehr an den Reformen beteiligt gewesen sein, wie Aristoteles entgegen aller Quellen und Datierungen berichtet. Laut dem "Staat der Athener" habe Themistokles, der selber als ehemaliger Archont dem Areopag angehörte, ein Interesse daran gehabt, daß der Areopag

---

[256] Finley, Democracy, 45.

[257] Sein Sohn Kimon nahm die Strafe auf sich, ging für seinen Vater ins Gefängnis und bezahlte, als er zu Geld gekommen war, die Summe. Er revanchierte sich später allerdings bei den entsprechenden Richtern und veranlaßte im Gegenzug deren Verurteilung.

aufgelöst werde, weil der Prozeß wegen Perserfreundlichkeit bereits anhängig war. Doch den sich anschließenden Prozeß gegen die Areopagiten als Verschwörer, oder wie immer die genaue Beschuldigung gelautet haben mag, kann Themistokles nur aus Kleinasien heraus verfolgt haben, keinesfalls aber als Ankläger selbst betrieben haben. Die Reformen wurden ohne ihn vollendet, denn etwa zehn Jahre liegen zwischen dem Beginn der Reformen und dem letzten Prozeß. Ob mit oder ohne Themistokles, der Areopag hatte eine entscheidende Schwächung erfahren, was einem weiteren Schritt in Richtung auf die radikale Betreibung der Demokratie gleichkam. Demokratisierung hieß: Abschied von aristokratischen, auf Minderheiten zugeschnittenen Staatsinstitutionen und Orientierung auf Massengremien.

Ferner konnte nun jeder Bürger Athens Klage wegen Gesetzwidrigkeit erheben, um den Antragsteller einer ungesetzmäßigen Eingabe, auch im nachhinein, zur Rechenschaft ziehen zu können. Dadurch gerieten politische Führer zunehmend in die Gewalt der Demagogie. Unter Perikles wurden die demokratischen Neuerungen noch weiter in Richtung der Isonomie ausgeweitet. Trotz aller Demokratisierung blieben bestimmte Vorteile der Aristokratie gegenüber den erst kürzlich emanzipierten Klassen als politische Machtfaktoren bestehen: die wirtschaftliche Sicherheit, bzw. die Möglichkeit, sich dem politischen Leben ganz zu widmen ohne selber arbeiten zu müssen, hat selbst die Einführung von Diäten durch Perikles nicht ausgleichen können. Ferner blieben alte Gefolgschaften und Anhängerschaften weiterhin bestehen. Reiche Staatsmänner - wie etwa Kimon - stifteten Gebäude und öffentliche Gärten oder sicherten sich auf andere Weise und in einem Umfang Popularität und Klientel, wie es für den Stand der Zeugiten undenkbar gewesen wäre.

Durch die Entmachtung des Areopags verloren die Adelsfamilien weiter an alter Macht und traditionellem Einfluß, nicht aber an Ansehen, denn Staatseinkünfte pflegte man unter die Bürger zu verteilen, was mögliche soziale Spannungen um so effektiver abbauen half, je regelmäßiger und je höher die Auszahlungen waren. Je höher die Beträge, desto besser stand es um die Identifizierung mit der Stadt, dem hellenischen Patriotismus überhaupt, beziehungsweise mit demjenigen Aristokraten, der die Auszahlung veranlaßt hatte.

In der berühmten "Totenrede" des Perikles aus dem Peloponnesischen Krieg geht es genau um diesen Aspekt. Der Feldherr spricht als Politiker zu den Athenern und ruft

---

258 Aristot. Athen. Pol. 25. Vgl. Papastavrou, der die Ansicht vertritt, Themistokles sei begnadigt worden und für die Dauer der Reformen nach Athen zurückgekehrt, habe aber dann die Stadt erneut verlassen müssen.

sie auf: "Wir müssen vielmehr noch Tag für Tag die Macht unserer Stadt in der Wirklichkeit betrachten und mit wahrer Leidenschaft lieben", heißt es da.[259] 'Wirklichkeit' bedeutet natürlich auch 'Einkommen' und in Demokratien ist die Sympathie der Bevölkerung für die gegenwärtige Regierung in ganz anderem Maße wichtig als in statischen Kriegerstaaten wie Sparta.

Weshalb nun die Reichen im Staat, die Kaloikagathoi, dennoch das Expansionsprogramm trugen, wo sie doch - abgesehen von gelegentlichem Profit durch Landkonfiskation - scheinbar wenig gewannen und viel bezahlten, angefangen vom politischen Monopol während der Jahrhundertwende, bis hin zu der Ehre, alleinige Verteidiger der Stadt zu sein, ist am besten von Moses Finley ausgedrückt worden: "Krieg war allgegenwärtig, jeder nahm das als eine gegebene Tatsache hin und deshalb vertrat auch niemand ernsthaft die Ansicht, daß Athen vom Krieg mit all seinen Übeln befreit würde, gäbe es die Hegemonie auf."[260]

Genauso, wenn auch widerwillig akzeptiert wurde die Rolle der Seeleute und der Flotte, wie die Anekdote aus Kimons Biographie zeigt, in der er an der Spitze junger Aristokraten ein Pferdehalfter an den Altar hängte und zu den Schiffen ging, als Zeichen dafür, daß er die Flotte seiner nicht mehr für unwürdig hielt.

Es scheint die Formulierung von der gewordenen Macht, wie sie wenig später in der Totenrede des Perikles verwendet wird, einer der besten Anhaltspunkte für die These vom Hineinwachsen in die Hegemonie zu sein, die sich von der Vorstellung eines geplanten Imperialismus[261] hauptsächlich dadurch unterscheidet, daß uns keine Programme oder Szenarien bekannt sind, mit der die Hegemonie bewußt angestrebt wurde, geschweige denn überhaupt Begriffe oder Namen für das 'Imperium'. Die Macht der Hegemonie kann aus dieser Sicht auch aufgefaßt werden als der Lohn eines bestandenen Wettstreites, der von Hesiod gutgeheißenen Eris.[262]

Die Zeit der Hegemonie muß aber dennoch gerade von den spartafreundlichen und konservativen Athenern als sehr zwiespältig empfunden worden sein, als unbekannter Reichtum, Glanz und Einfluß erworben wurde und altbekannte Formen der Herrschaft und Sicherheit zerfielen. Dieser Bruch mit den Traditionen hatte maßgeblich

[259] Thuk. II. 43.

[260] Finley, empire, 124.

[261] Vgl. Whittaker und Garnsey, 4 (introduction), außerdem Kallet-Marx, 111. Themistokles habe den Athenern Schwert und Schild aus der Hand genommen und ihnen das Ruder überreicht.

[262] oder wie eine Athener Gesandtschaft in Sparta zu ihrer Verteidigung vorbringt: "...und wärt ihr damals dabeigeblieben bis zum Ende und hättet Euch durch die Führung Haß erworben, wie wir, so wissen wir genau, ihr wärt nicht minder streng mit euren Verbündeten verfahren und wäret auch gezwungen gewesen, mit Härte zu herrschen oder euch selbst zu gefährden (...) wir folgen nur der menschlichen Natur, wenn wir eine Herrschaft, die sich uns anbot angenommen und behalten haben." Thuk. I. 76.

geholfen, Griechenland vor den Persern zu schützen, aber es war auch diesem Bruch zu verdanken, wenn die Entfremdung zwischen Athen und Sparta immer tiefer wurde, die schließlich in einen die ganze griechische Welt umfassenden Krieg führen sollte, mit dem Athens große Zeit zuende gehen würde.

10. Verbannung und Herrschaft

Viele, die man dafür hält, sind nicht unsere Freunde und viele, die man nicht dafür hält, sind es[263]

Die Ereignisse nach 480 sind wiedereinmal schwer zu datieren. Es ist die Zeit, als Themistokles zwar noch eine führende Rolle in der Athener Politik spielte, aber seine Laufbahn sich schon spürbar dem Ende zuneigte; eine Entwicklung, die möglicherweise in einer Anklage wegen Hochverrats enden, sicherlich aber nicht einfach ausklingen würde - dazu waren die Verläufe der Athenischen Politik zu rabiat. Wir wissen über ein effektvolles und angeberisches Erscheinen bei den olympischen Spielen 476, wo ihm zwar ein äußerst ehrenvoller Empfang zuteil wurde, den Athenern seine Großspurigkeit aber mißfiel.[264] Es ist umstritten, ob er während oder vor den Spielen eine aggressive Ansprache gegen den ebenfalls anwesenden Tyrannen Hieron gehalten hat, wie Plutarch berichtet. Eine solche Ansprache kann als Versuch gesehen werden, die alten eigenen Leistungen wieder ins Gedächtnis der anwesenden Griechen zu bringen. Jedenfalls aber empfand er den Jubel und den Applaus den ihm die versammelten Panhellenen entgegenbrachten, als Früchte und Lohn, seiner Arbeit für Griechenland,[265] auch wenn er befürchtete, in Hieron einen neuen Konkurrenten gefunden zu haben, der ihm durch ebenfalls großspuriges Auftreten den Rang ablaufen würde.

Ein kulturelles Ereignis von Wichtigkeit fällt in diese Jahre: die Premiere der "Perser" des Aeschylos; das Stück wurde 472 uraufgeführt und erzielte nicht zuletzt wegen seines staatstragenden Charakters einen beachtlichen Erfolg. Zwar nennt der Text den Namen des Themistokles nicht, doch seinen großen Triumph stellt es auf eine Weise dar, die den Athenern so sehr gefiel, daß sie das Stück mit dem ersten Preis auszeichneten.

Im Bereich der Dichtung ist noch ein weiterer kleiner Zusammenhang erwähnenswert: Es ist der Poet Simonides, ein Bekannter des Themistokles, vielleicht sogar ein ehemaliger Freund, der die Heldentaten von Salamis lobte aber den Namen des Themistokles direkter als Aeschylos erwähnte. Dieser Simonides - er schrieb auch für Auftraggeber aus Sparta zum Beispiel über die Gefallenen von Thermopylae -

---

[263] Demokrit, 116.
[264] Plut. Them. 17.
[265] Plut. Them. 25.

wird mit der Person des Pausanias in Verbindung gebracht, dessen Verrat und Sturz auch Themistokles mit in den politischen Ruin hinabzogen.[266]

Plutarch erwähnt einen Gerichtsprozeß, in den Simonides verwickelt gewesen sein soll, dessen Leitung Themistokles unterstand. Simonides verlor den Prozeß, und die Freundschaft mit Themistokles fand ein Ende. Als Simonides sich dann über die Prozeßführung beschwerte, soll Themistokles gesagt haben: "Simonides wäre kein guter Dichter, sänge er unharmonisch und schlecht; ich aber wäre kein guter Richter, wären meine Urteile nicht in Einklang mit dem Recht."[267]

Aber auch Themistokles selbst stand als Angeklagter vor den Richtern: Diodoros spricht von gleich zwei Prozessen gegen ihn, von denen der erste mit einem Freispruch endete.[268] Was es mit diesem ersten Prozeß auf sich hat, ob es ein Irrtum Diodoros' ist, oder ob es sich um einen unbedeutenden Prozeß gehandelt hat, ist für das prozeßsüchtige Athen dieser Zeit schwer zu sagen. Es ist möglich, daß wiederholt alle denkbaren Versuche stattfanden, den bis dahin überaus erfolgreichen und mächtigen Staatsmann auf die eine oder andere Weise zu diskreditieren. Wir wissen auch, daß, weil aufgrund der Amnestie von 480 die alten Gegenspieler, Aristeides und Xanthippos, wieder in Athen waren, das politische Klima sich leicht zu seinen Ungunsten verändern konnte. Ein weiteres Problem waren aber sicherlich auch die militärischen Erfolge des Spartanerfreundes Kimon zur See und an Land.

Ein zweiter Prozeß im Zusammenhang mit einem großangelegten Skandal sollte dann die Athener Karriere des Themistokles tatsächlich beenden aber gleichzeitig auch den Grundstein seiner kleinasiatischen Laufbahn legen. Aufgrund welcher Intrigen die politischen Skandale um den Sieger von Plataiai, Pausanias, sich auf Themistokles auswirkten, ist nicht mehr genau zu rekonstruieren. Offenbar waren es einige Briefe, die den Gegnern des Themistokles endlich die erwünschte Gelegenheit gaben, zum entscheidenden Schlag auszuholen.

Die Urteile der beiden großen Historiker, Herodot und Thukydides über die beiden großen Sieger fallen genau gegensätzlich aus. Während Herodot Pausanias verteidigt und im Großen und Ganzen ein günstiges Bild von ihm entwirft, wird er von

---

[266] Von dem Dichter Simonides stammt das berühmte "Wandrer, kommst du nach Sparta, verkündige dorten, du habest uns hier liegen gesehen, wie das Gesetz es befahl".

[267] Plut. Mor. Them. 9. Wir finden Simonides in Gesellschaft von Pindar und Bakchylides am Hof des makedonischen Königs Alexandros wieder. Alexandros spielte eine Rolle als Vermittler zwischen Athen und Mardonios vor Plataiai.

[268] 11. 54.2 und 55.4 hier sollte Themistokles aber nicht vor dem Areopag verhört werden, sondern vor einem gesamtgriechischen synedrion. Plut. Them. 23. und Nepos. Them. 8.2 sind dagegen der ersteren Ansicht.

Thukydides kritisiert, der dafür Themistokles verteidigt und lobt.[269] Der Hintergrund der Affäre sah folgendermaßen aus:

Der Spartanerkönig wurde vor einem spartanischen Gericht angeklagt, Umsturzbestrebungen der Heloten unterstützt zu haben, denen er Gleichberechtigung und Bürgerrecht versprochen haben sollte. Aber auch des Medismos beschuldigte man ihn. Wenn es stimmt, daß Pausanias die Heloten am politischen Leben Spartas beteiligen wollte, und sei es, um die Macht der Elite der Gleichen und der Ephoren zu brechen, dann sehen wir darin eine Parallele zu Themistokles' Bemühen, die unteren Vermögensklassen in Athen in die Politik zu integrieren. In beiden Fällen hätten wir es mit einem Angriff auf die Tradition zu tun, gegen den sich die beharrenden Kräfte jeweils nach Möglichkeit und im Endeffekt erfolgreich zur Wehr setzten.

Man erwartete von seiner, Pausanias', arrogant demonstrierten Autorität mindestens einen Verfall spartanischer Sitten, schlimmstenfalls aber einen Staatsstreich; ähnlich wie Peisistratos hatte er sich nämlich bei seinem militärischen Aufenthalt in Byzanz eine ausländische Leibwache aus Ägypten und Persern zugelegt – ein böses Zeichen. Sein überhebliches Gehabe hatte die Verbündeten verstimmt und das Bündnis als solches in Gefahr der Auflösung gebracht, so daß er 477 seines Kommandos enthoben werden mußte, um den Zusammenhalt der Koalition zu wahren. Der erste Prozeß verlief für ihn günstig, denn man konnte ihm keinerlei Schuld in Sachen Hochverrats nachweisen. Höchstens des - in Sparta sehr verpönten - Hochmuts konnte man ihn gerechterweise beschuldigen, denn er hatte auf einem Dreifuß, den er dem Gott in Delphi geweiht hatte, die folgende Inschrift anbringen lassen: "Fürst der Hellenen im Feld, da er Persiens Scharen vernichtet, stellt Pausanias dies Denkmal, Apollo, dir auf" - Diesen Zweizeiler hatten die Spartaner gleich damals von dem Dreifuß weggefeilt", berichtet Thukydides, denn man empfand diese Selbstdarstellung als äußerst unpassend und unlakonisch. Es muß den um die Tradition bemühten Ephoren als ungünstiges Vorzeichen erschienen sein, wenn ein spartanischer König sich selbst über den Staat und sogar über die gesamte Nation stellte.

Der Prozeß erbrachte kein Ergebnis, wohl aber war das Ansehen des Königs stark beschädigt worden. Dennoch kehrte er nach Byzanz zurück, wo er sich noch etwa ein halbes Jahr lang halten konnte, bevor er vor den Bündnern, die er wohl einmal zu oft gedemütigt hatte, in die Troas fliehen mußte. Auf Befehl der spartanischen Ephoren allerdings, die seit jeher eine kaum zu überschätzende Autorität auch über die Könige des Lakedaimonierstaates ausübten, kehrte er nach Sparta zurück, wo

---

[269] Thuk. I. 38.3 "Die beiden meistgefeierten Hellenen ihrer Zeit" und Herodot, 5.32. Westlake, 52.

ihm ein zweiter Prozeß mit ähnlicher Anklage gemacht wurde. Noch einmal gelang ihm die Flucht, allerdings nicht ins Ausland, sondern nur in einen nahegelegenen Tempel. Diesen Tempel ließen die Behörden nicht etwa stürmen, um den flüchtigen Angeklagten zu verhaften, man respektierte den heiligen Raum, aber man ließ die Eingänge zumauern, so daß der Held von Plataiai elend verhungern mußte. Thukydides beschreibt das Ende des Pausanias so:

> *Es heißt nun, da er auf der Straße ergriffen werden sollte, sah er dem einen der Aufseher, der auf ihn zutrat, im Gesichte an, wozu er käme, und da ein anderer, der ihm wohlwollte, ihm mit unmerklichem Nicken einen Wink gab, wandte er sich in Heiligtum der Athena Chalkioikos, im Laufschritt, und entrann den Verfolgern; der Bezirk war nämlich nah. (...) Die anderen, die ihn im Augenblick der Flucht nicht mehr hatten einholen können, hoben danach den Giebel des Gebäudes ab und indem sie ihn drinnen beobachteten, daß er nicht heraus konnte, mauerten sie die Tür zu, belagerten ihn und hungerten ihn aus. Kurz bevor er dann, wie er war, in dem Gebäude verscheiden wollte, nahmen sie den Augenblick wahr und führten ihn noch lebend aus dem Heiligtum und kaum draußen starb er auf der Stelle.*[270]

In Sparta hatten die traditionsreichen, konservativen Organe der Adelsverfassung über den Einzelnen die Oberhand behalten, so wie auch in Athen große Einzelne dem Staat zum Opfer fielen, wenn sie über ihn hinauszuwachsen drohten.

Im Laufe des Prozesses gegen Pausanias waren nun verschiedene Zeugen und Beweismittel, darunter diverse Briefe aufgetaucht. Einer davon war an den Großkönig von Persien gerichtet und lautete:

> *Pausanias, der Führer von Sparta, sendet dir, um dir gefällig zu sein, diese Kriegsgefangenen zurück und ich tue dir den Vorschlag, wenn es dir auch recht ist, deine Tochter zu heiraten und dir Sparta und das übrige Hellas untertan zu machen. Ich glaube, dazu imstande zu sein, wenn wir uns gemeinsam beraten. Sagt dir etwas zu von diesen Dingen, so sende einen zuverlässigen Mann an die Küste, durch den wir künftig miteinander reden können.*[271]

Im Antwortbrief sicherte der Großkönig dem Spartaner unbegrenzte Unterstützung mit Gold und Soldaten zu, schwieg aber vorerst über die Sache mit der Tochter.

---

[270] Thuk. I. 134. Die Athener sahen darin einen Frevel an Athene.
[271] Thuk. I. 128.

Pausanias selber hatte überdies noch mit einem seiner vormals noch zuverlässigen Leute Pech, denn dieser, ein ehemaliger Geliebter des Pausanias, hatte bemerkt, daß keiner der Boten an den Großkönig jemals zurückkam. Er öffnete also den Brief, den er selber dem Großkönig zu überbringen hatte und mußte seine schlimme Ahnung bestätigt finden: auch er sollte nach erledigtem Botendienst beseitigt werden. Diesen Brief übergab der Mann den spartanischen Behörden, die aber, um den letzten Beweis gegen Pausanias zu erbringen, wünschten, Ohrenzeugen des Verrats zu werden. Der Bote floh nach Absprache mit den Ephoren als angeblicher Schutzsuchender an den Tainaron in Südlakonien. Dort versteckte er sich in einer Hütte, wo auch spartanische Aufseher hinter einer doppelten Wand auf Pausanias' Erscheinen warteten. Prompt kam er. Das sich entrollende Gespräch zwischen Pausanias und seinem Boten mit allen Anschuldigungen, Rechtfertigungen und Versprechungen reichte aus, einen Schuldspruch zu fällen. Aber der Skandal ließ sich nicht auf Sparta beschränken, er zog weitere Kreise: In Athen wurde nun ebenfalls ein Briefwechsel, aber diesmal zwischen Pausanias und Themistokles öffentlich gemacht, der eine Verschwörung des Pausanias nahelegte und Themistokles in diesem Zusammenhang nannte, wobei dessen Vergehen lediglich darin bestanden hatte, über die Umsturzpläne des Pausanias zu schweigen.[272] Der Hauch des Medismos traf ihn aber dennoch.

Die Feinde in Athen und die Gegner außerhalb arbeiteten sich sehr wirkungsvoll in die Hand, so daß schließlich eine Anklage wegen Hochverrats zustande gebracht werden konnte, die durch den Alkmeoniden Leobotes ihren Urteilsspruch in "Verbannung von Athen" fand.[273] Themistokles hielt sich derzeit in dem etwa 100 Kilometer entfernten Argos auf und konnte sich daher nur schriftlich gegen diese Anklage verteidigen - ohne Erfolg, schreibt Thukydides. Dort, in Argos, wird er sich weiter an antispartanischer Politik, also der Expansion Argos' und der Unterstützung der Unruhen auf der Peloponnes, wo er auch in seiner Verbannung umherreiste, beteiligt haben. Wie weit er dabei gegangen ist und welche Rolle er bei eventuellen Vorbereitungen eines messenischen Aufstandes gespielt haben mag, ist nicht zu sagen. Die Quellen zeigen komplette Uneinigkeit in der Chronologie.

---

[272] Plut. Them. 23. Thuk. I. 135. Nepos, Them. 8.2. Er war darüberhinaus als Athener den spartanischen Ephoren nicht Rechenschaft schuldig, sein Schweigen war also kein Delikt.

[273] Ein vager Zusammenhang ergäbe sich aus der Überlegung, daß Myron von Phlya Megakles I. im 7. Jahrhundert wegen Frevels angeklagt hatte, weil er es zugelassen hatte, daß Anhänger des Kylon niedergemetzelt wurden, obwohl sie sich ihm auf Treu und Glauben ergeben hatten. Die Alkmeoniden galten seitdem als fluchbeladenes Geschlecht. Phlya war Stammsitz der Lykomiden. Es ist nicht vollkommen ausgeschlossen, daß es eine alte Feindschaft zwischen

Man muß erwähnen, daß die Anklage des Medismos auf Themistokles strengge-
nommen nicht zutreffend war. Pausanias wurde wegen seiner hochverräterischen
Pläne innerhalb Spartas angeklagt und nicht wegen Perserfreundlichkeit, obwohl der
Kontakt nach Persepolis ein willkommener Anlaß für einen Prozeß gewesen war.
Dieser Anklagepunkt aber wäre für einen Athener Politiker, besonders für Themi-
stokles ganz belanglos gewesen, denn er hatte ja ohnehin keine eigenen Interessen in
Sparta.

Medismos war einfach ein wirksameres Argument, mithilfe dessen man die Öffentlichkeit effektiver beeinflussen konnte. Die Verhandlung verlief so, wie es sich die
Gegner des Themistokles erhofft hatten.

Wir wissen nun, daß die Abhaltung eines Tonscherbengerichts immer nur für das
nächste Jahr beantragt werden konnte. Erst wenn es dann soweit war, wurde darüber
abgestimmt, wen es schließlich treffen sollte. Pausanias wurde 471 aus Byzanz ver-
trieben und starb gegen 469. Somit kann der Ostrakismos gegen Themistokles mit
einiger Sicherheit auf 470, dem Geburtsjahr des Sokrates, datiert werden, wenn die
Abhaltung des Tonscherbengerichts 471 beschlossen wurde. Es ist deshalb auch
möglich, daß ihn die Anschuldigung, Hochverrat begangen zu haben schon traf, als
der Ostrakismos zwar bereits beschlossen, aber noch nicht abgehalten worden war.
Einen verurteilten Hochverräter mußte man nicht mehr ostrakisieren, schon gar
nicht, wenn man bedenkt, daß der Verbannte ja alle Ehren und Besitztümer behalten
durfte. Es ist denkbar, daß die politische Allianz gegen Themistokles zunächst vom
Tonscherbengericht Gebrauch machen wollte, aber dann die weitaus mächtigere
Waffe ergriff, die sich ihr durch die Affäre um Pausanias dargeboten hatte. Gewiß
ist nur, daß sich Themistokles dem Prozeß wegen Hochverrats entzogen hat und sich
nicht persönlich stellte.

Anschuldigungen wegen Korruption, Arroganz und Medismos werden allerdings die
gesamte Zeit hindurch unabhängig von Gerichtsverfahren gegen ihn erhoben worden
sein.[274] Wie viele Versuche stattgefunden haben mögen, ihm zu schaden oder ihn
politisch zu diskreditieren kann nur geschätzt werden, daß jedoch gegen ihn Stim-
mung gemacht wurde, steht außer Zweifel.

---

den beiden Familien gab. Gleichwohl wird es für die Alkmeoniden dringendere Gründe gegeben haben, gegen Themistokles vorzugehen. Herodot 1.61. Thuk 1.127. Aristoph. Ritter. 445.
[274] Plut. Them. 18. Herodot. 8. 125.

Arroganz und Habsucht werden oft mit seinem Charakter in Verbindung gebracht; viele Gegner muß er sich auf unnötige Weise zu ausgesprochenen Feinden gemacht haben. Kurze Zeit nach dem Triumph von Salamis oder dem Ehrenempfang auf dem Isthmos, hatte seine Selbstdarstellung in den Augen der Athener enervierende Ausmaße angenommen. An dem Grab seiner Mutter etwa ließ er eine protzige und gegenüber der Mutter durchaus taktlose Inschrift anbringen, die sinngemäß lautete:

> Bin nicht von edler griechischer Rasse,
> und stamme nur aus Thrakien;
> Laßt die Griechinnen Abrotonon nur verachten:
> Ich bin die Mutter des Themistokles.

"Wer seine eigenen Fehler vergißt, wird frech." sagt Demokrit - freilich nicht über Themistokles, aber dennoch zutreffend über parvenühafte Anmaßung, derer man Themistokles in Athen durchgehend beschuldigte.[275]
Er soll sich außerdem am Eigentum anderer wohlhabender Bürger vergriffen haben und sie notfalls unter Druck gesetzt haben, bis er das Gewünschte erhielt, wie etwa ein schönes Fohlen, das er einem gewissen Diphilides abgepreßt haben soll, wie Plutarch uns mitteilt. Andererseits war er wieder großzügig, wenn es darum ging, freigebig zu verschenken – auch das konnte als Ausdruck seiner parvenühaften Anmaßung aufgefaßt werden, als gönnerhafte Arroganz und Hochnäsigkeit. All das schlug vielleicht ungünstig zu Buche. Nur bei den weniger wohlhabenden Bürgern war er anscheinend nach wie vor beliebt, doch diese Männer waren, wie sich zeigen sollte, keine verläßlichen Bundesgenossen.
Man kann sicher sagen, daß Themistokles in dem Jahrzehnt nach Salamis zunehmend an Ansehen und Einfluß verlor, angefangen bei Anfeindungen durch Dichter wie Timokreon, der ihn einen "Verräter, Lügner und Betrüger" nannte,[276] bis hin zu seiner Verbannung und Verurteilung, die ihn im Exil in Argos, einer Sparta feindlich gesinnten Stadt, allerdings nicht mehr erreichte. Daß überhaupt ein Tonscherbengericht gegen ihn angestrengt wurde, ist ein Beweis dafür, daß er immer noch über erheblichen Einfluß verfügte und von seinen Gegnern für durchaus noch gefährlich gehalten wurde.
Mit der Verbannung gaben sich seine Gegner nicht zufrieden, denn der Ostrakismos konnte den Betroffenen nicht endgültig aus dem Rennen schlagen.

---

[275] Fragement 86.

Viele der gefundenen Ostraka mit der Aufschrift "Themistokles" stammen von einer einzigen Schreibhand, was natürlich den Schluß nahelegt, daß die politischen Gegner große Mengen an vorbereiteten Tonscherben vor der Abstimmung unter den Bürgern verteilten. Man erinnert sich dabei an die Anekdote von Aristeides und dem Analphabeten. Wie Aristeides waren viele Politiker aus der Verbannung zurückgekehrt und hatten sich ohne allzu lange Anpassungszeit wieder voll in das öffentliche Leben eingefügt. Um einen solchen Mann des öffentlichen Lebens wie Themistokles wirkungsvoll und endgültig zu vernichten, mußte man weitergehende Maßnahmen ergreifen und eine Atimie durchsetzen, die für das gesamte Bundesgebiet galt.

Obwohl Themistokles sich nun zu verteidigen suchte, sprach man ihn in diesem Prozeß schuldig: Das endgültige Urteil lautete auf Todesstrafe.

Welche Rolle die Familie während des Prozesses spielte, die später heimlich und illegal von Athen nach Kleinasien gebracht wurde, ist nicht überliefert. Männliche Verwandte treten nicht auf, und angesichts der üblichen Rolle der Frau in Griechenland kann seine Ehefrau keine große Rolle gespielt haben. Gerade in Gerichtsdingen hatten selbst bessergestellte Frauen keine Auftritte zu geben. Auf eine Königin wie Artemisia etwa , die an der Seite der Perser bei Salamis gekämpft hatten, setzten die Athener sogar ein Kopfgeld aus. Nicht, weil sie Verrat geübt hätte, sondern, um ihre Impertinenz zu bestrafen, gegen Männer die Waffen ergriffen zu haben. Von seinen männlichen Verwandten wissen wir nichts – auch das ist ein Hinweis auf die anfangs erwähnte Stellung der Lykomiden: Sie verfügten über keine ausreichende Klientel, um das Familienoberhaupt wirksam schützen zu lassen.

Themistokles aber hatte den Ausgang des Prozesses nicht in Argos abgewartet, sondern die Stadt bereits verlassen, als noch verhandelt wurde. Das wiederum bedeutet, daß zu dieser Zeit die Unruhen auf der Peloponnes, die dem Ende des Pausanias folgten, bereits beendet gewesen sein müssen, da ja sonst kein Grund bestanden hätte, aus dem relativ sicheren Argos abzureisen und sich den Gefahren einer weiteren Flucht auszusetzen. Somit käme man auf die Jahre um 467. Möglicherweise aber hat man ihm in Argos nahegelegt, doch einen anderen Exilort zu wählen, denn man sah sich nun nicht mehr nur der alten, aber neuerstarkten Feindschaft Spartas entgegengestellt, sondern auch dem Druck der Athener Diplomatie.[277] "Dem weisen Manne

---

276 Plut. Them. 21. Timokreon fühlte sich durch eine Entscheidung des Themistokles übervorteilt und verfaßte lange und wehleidige Schmähgedichte.

277 Plut. Them. 23. Thuk I. 135. Diodor. 11. 56.1.

steht jedes Land offen; denn die Heimat einer edlen Seele ist die ganze Welt", sagt Demokrit und dementsprechend handelte Themistokles.

Er wandte sich zunächst nach Kerkyra, womöglich, um später nach Sizilien weiter-zureisen,[278] aber eventuell auch, weil er in Kerkyra als Wohltäter galt, hatte er doch den Kerkyrern erhebliche Auseinandersetzungen mit dem Kampfbund erspart, als die Bundesgenossen nach Salamis gefordert hatten, alle neutral gebliebenen Staaten streng zur Rechenschaft zu ziehen. Themistokles hatte sich damals erfolgreich dage-gen verwahrt, mit der Begründung, Kampf unter den Hellenen sei schlimmer als ein Sieg der Perser.

In Kerkyra nun hielt er sich der Politik ebenfalls nicht fern: wir finden ihn als Ver-mittler in einem Streit zwischen Kerkyra und Korinth über die Verwaltung von Leukas an der nordionischen Küste.[279] Dennoch wurde ihm die Insel als Zufluchtsort auf Dauer zu unsicher. Möglicherweise hatte er vor, sich weiter nach Sizilien zu be-geben, dem Sitz des Hieron, der bedeutende Männer um sich zu versammeln suchte; aber der Tod der Herrschers fällt genau in diese Zeit (467) und es ist möglich, daß Themistokles aus Unsicherheit über die Nachfolge das Risiko einer Übersiedelung scheute.

Die nächste Station auf der Flucht war der Hof des Admetos, des Königs der Molos-ser, der, wie Thukydides bemerkt, "nicht sein Freund war"[280] - genausowenig wie die Athener selber es gewesen sein mochten. Eine solche Reaktion seitens eines Ver-folgten ist verwunderlich.

Es gab viele neutrale Städte rund um das griechische Meer, das Mittelmeer über-haupt, und auch rings um das schwarze Meer; allein, Themistokles wandte sich an einen erklärten Feind um Schutz. Was mag ihn dazu bewogen haben? Vielleicht die Einsicht, daß im sich anbahnenden Konflikt um seine Person keine echte Neutralität mehr möglich sein würde? War es Wagemut, der aus der Verzweiflung kam?

Später ist er an den Hof des persischen Großkönigs geflohen, dem er zuvor best-möglich geschadet hatte. Er mag sich gesagt haben, daß ein guter Feind mehr wert sei als ein unzuverlässiger Freund. Seine drei denkbaren bzw. realen Fluchtrouten passen in ein einziges Denkmuster; der Erfolg gab ihm recht.

---

278 Zu Hieron, gegen den er bei den olympischen Spielen Propagandareden gehalten haben soll.
279 Plut. Them. 24. Thuk. I. 136. Nepos. Them. 8.3.
280 Thuk. I. 136.

Mithilfe einer symbolischen Handlung, deren Form und Sinn er von Admetos' Gemahlin erfahren hatte, erbat Themistokles bei dem Monarchen Asyl: er setzte sich, erzählt Plutarch, an die Feuerstelle und nahm den Sohn des Admetos auf seine Arme. Dies sei die einzige Form der Bitte um Gnade gewesen, die ein Molosser nicht zurückweisen konnte und Admetos gestand Themistokles widerwillig trotz athenisch-spartanischem Drucks vorerst Bleiberecht zu.

Die zweite Frau des Themistokles, deren Namen wir nicht kennen, und einige Kinder, vermutlich Nikomache, Asia und Mnesiptolema verließen schließlich Athen und folgten dem Mann und Vater.[281] Sie wurden von Epikrates mit einer größeren Geldsumme versorgt und auf die Reise geschickt. Dieser Schritt war ein bewußtes Hintertreiben eines ordentlichen Gerichtsbeschlusses, das den Besitz des der Atimie Verfallenen dem Staat überantwortete - Epikrates mußte diesen Dienst am Freund und dessen Familie mit dem Leben bezahlen: ihm wurde der Prozeß wegen Hochverrats gemacht.

Lange durfte Themistokles allerdings nicht bei den Molossern bleiben. Auf Betreiben Spartas wurde Themistokles nach Pydna in Makedonien weiter abgeschoben, bevor ihn seine Familie erreichte.

Die überlieferten Ereignisse der Flucht haben selbst bei Thukydides oft einen etwas romanhaften Beiklang, und bei Plutarch ist die Darstellung freilich noch üppiger. Die Schilderung bei Thukydides, Plutarch und Nepos, daß Themistokles auf seiner Fahrt nach Kleinasien nur knapp der Athenischen Flotte entging, die auf dem Weg war, Naxos zu erobern, sind vermutlich der Legende zuzuordnen. Ferner liest man bei Plutarch, daß es sich dabei um Thasos, nicht um Naxos gehandelt habe.

Er soll inkognito auf einem Lastschiff nach Ionien unterwegs gewesen sein, als ein Sturm ausbrach und das Schiff nahe Naxos kam (eine gehörige Abweichung vom Kurs). Er habe sich dem Kapitän dann zu erkennen gegeben und erklärt, weshalb man keinesfalls den Athenern in die Hände fallen dürfe. Dem Kapitän habe er für den Fall einer Auslieferung gedroht, daß er ihn als Komplizen darstellen und ihn mit ins Unglück reißen würde, stellte aber für den Fall eines Erfolges eine umfangreiche Belohnung in Aussicht.[282] Aber auch ohne solche Beinahe-Katastrophen bleibt die Fluchtgeschichte abenteuerlich. Die Fahrt führte ihn einmal rund um das westliche und nördliche Griechenland, durch die Ägäis, vielleicht an Naxos, das wie gesagt

---

[281] Vgl. Davies, 217: Möglicherweise ist Asia später, eben in Kleinasien, geboren worden.
[282] Thuk. I. 137. Vgl. Papastavrou, 99.

eigentlich nicht auf der Route liegt, vorbei bis nach Ephesos - mindestens 1300 Kilometer.

Die genaue Strecke läßt sich nicht rekonstruieren. Ob sie wirklich über Kyme und Sizilien führte oder ob es sich dabei nur um Optionen gehandelt hat, ist nicht mehr festzustellen, zumal selbst die Athenische Belagerung von Naxos nicht eindeutig datierbar ist.

Sicheren Grund betreten wir erst mit Themistokles' Landung in Kleinasien, wo er sich mit einer gänzlich anderen Lage konfrontiert sah, sowohl was seine eigenen Lebensumstände, als auch, was das persische Reich anbetraf.

Ob Themistokles nach anfänglichen Schwierigkeiten in Persien noch dem König Xerxes begegnet ist, wie Ephoros und Dinon laut Plutarch berichten, oder schon seinem Sohn und Nachfolger Artaxerxes, dessen Verdienst es war, die Folter für Edle abgeschafft zu haben,[283] wird ebenfalls nicht zu klären sein, und so schaut man mit einer gewissen Unzufriedenheit auf das Kapitel der Flucht: zu viele Fragen bleiben unbeantwortet.

Erinnern wir uns an die Lage am persischen Hof. Artaxerxes hatte im Bündnis mit Artabanos, dem Anführer der königlichen Leibgarde seinen Vater Xerxes ermordet, angeblich, um den Niedergang des Staates aufzuhalten, tatsächlich aber, um die Thronfolge zu beschleunigen – immerhin jedoch als legitimer Thronfolger, ein für Persien nicht immer gegebener Umstand. Sodann wurde Artabanos selber aus dem Weg geräumt, womit Artaxerxes dessen eigenen Mordplänen vermutlich nur zuvorkam. Das war 464, dem Jahr als in Sparta ein verheerendes Erdbeben einen günstigen Anlaß für den Dritten Messenischen Aufstand bot.

Von dem neuen Großkönig erhoffte sich Themistokles gnädige Aufnahme und lüftete seit der Flucht aus Argos zum erstenmal öffentlich sein Inkognito, nach Plutarch direkt vor dem Herrscher, der so beeindruckt gewesen sein, soll, daß er Themistokles das auf ihn ausgesetzte Kopfgeld von 200 Talenten selbst gab und nachts vor Aufregung über das Ereignis nicht schlafen konnte und dreimal ausgerufen habe: "Ich habe Themistokles den Athener!"

Zuvor soll Themistokles sich eben dem Artabanos, in dessen Eigenschaft als Befehlshaber der königlicher Leibwächter, anvertraut haben, er sei Grieche und müsse den Großkönig in einer wichtigen Angelegenheit sprechen.

Der Flüchtling hatte sich dem Usurpator in die Hand gegeben. Artabanos antwortete aufschlußreich mit der Warnung, daß er wohl wisse, wie sehr die Griechen die Frei-

heit schätzen, aber bei den Persern gelte derjenige als am edelsten, der dem Großkönig am besten diene. Wenn der Grieche vor dem Großkönig sprechen wolle, so müsse er sich auch bereit erklären, dem Hofzeremoniell zu folgen. Wenn nicht, müsse er
sich eines Mittelsmannes bedienen. Themistokles hat sich dazu bereit erklärt und er
bekam seine Audienz.
Er habe dann folgende Ansprache vor dem Großkönig gehalten:

> *O König, ich bin Themistokles aus Athen, verbannt von den Griechen. Viel*
> *Böses habe ich den Persern angetan, doch sind meine Wohltaten ihnen ge-*
> *genüber noch größer, denn ich habe die Griechen davon abgehalten, die*
> *Verfolgung aufzunehmen; sobald mein Land von der Gefahr befreit war,*
> *habe ich mich gegenüber den Persern ebenfalls freundlich und gutgesinnt*
> *verhalten. Nun komme ich hierher, meiner Lage bewußt und bin bereit für*
> *alles, was meiner harrt, Gnade oder Ungnade.(...) Nimm', o König, meine*
> *Landsleute als Zeugen, daß ich Persien gute Dienste geleistet habe und*
> *beweise der Welt deine edle Gesinnung, anstatt deine Rachegelüste zu be-*
> *friedigen. Wenn du mich rettest, rettest du einen schutzsuchenden Flücht-*
> *ling, wo nicht, vernichtest du einen Feind der Griechen.*[284]

Der Großkönig soll daraufhin zunächst gar nicht reagiert haben, aber dennoch den
Mut und das Temperament dieses Mannes wohlwollend zur Kenntnis genommen haben. Am anderen Morgen fand eine zweite Audienz statt, bei der das erwähnte
Kopfgeld dann überreicht wurde.
Plutarch unterrichtet uns darüber, daß Themistokles sich ein Jahr Zeit ausbedungen
habe, um die Sitten des Landes und die persische Sprache zu erlernen, denn mit der
Sprache sei es wie mit einem Teppich: ausgerollt zeige er seine Ornamente und Far-
ben in voller Pracht, aber zusammengelegt sei seine Schönheit verdeckt und somit
wertlos.[285]

Plutarchs Bericht beruht auf der Schilderung, die uns Thukydides von den Ereignissen gibt. Hier findet man im Grunde bereits die gleichen Angaben, aber nach dieser
Quelle soll Themistokles sein Anliegen aus Vorsicht zunächst in Briefform an den
Großkönig gesandt haben, wobei er seine Rolle bei der unterbliebenen Zerstörung
der persischen Brücken 490 genau der Wirklichkeit widersprechend darstellte. Aufgrund seines Betreibens sei das Bauwerk damals verschont worden. "Und ich könnte

---

[283] Plut. Mor. Artax. 3.
[284] Plut. Them. 27.
[285] Plut. Mor. Them. 15.

dir weiter große Dienste erweisen, nachdem ich, um deiner Freundschaft willen aus Hellas verjagt, nun hergekommen bin."[286]

Letztenendes wurde Themistokles weder zur Rechenschaft gezogen noch einfach ignoriert, sondern mit drei Städten und ihrem Umland reich belehnt.[287] Die Ankunft des wirkungsvollsten Gegners, den die Perser seit Miltiades gehabt hatten, wird bei Hof indessen nicht unproblematisch gewesen sein, denn, als er dann auch noch nichteinmal bestraft, sondern mit Gütern ausgestattet wurde, dürfte er viele Feinde gefunden haben, zumal er an königlichen Jagden teilnehmen durfte, und sogar Audienzen bei der Königinmutter erhalten hatte - eine für Ausländer äußerst seltene Ehre. Wie eng der Kontakt zum Hof des Königs wirklich war, wird, sofern keine neuen Ausgrabungen für Aufschluß sorgen, für immer unklar bleiben müssen, aber ein entscheidender Kontakt war es sicher nicht. Als weitere Ehre gewährte man ihm Einweihung in die Lehren des Zarathustra, in die "Wissenschaft der Mager".

Wir finden abermals abweichende Informationen in den Quellen über das erste persische Jahr. Er erhielt Magnesia am Mäander, eine wohlhabende Stadt, wo er dann residierte, vermutlich erst jetzt mit seiner Familie zusammengekommen. Er erhielt die Verantwortung für Lampsakos am Hellespont, das für seinen Wein berühmt war und Myos in Ionien unweit von Milet, sowie Perkote und Palaiskepsis für Brot, Wein, Kleidung und Zukost, wie es bei Plutarch und Thukydides heißt.[288] Die Stadt Magnesia entwickelte sich unter seiner Herrschaft zu einem wichtigen Exporteur für eben diese Produkte.

Plutarch überliefert einen Ausspruch, den Themistokles gegenüber seiner Familie gemacht haben soll, als man die neuen, luxuriösen Lebensverhältnisse begutachtete: "Meine Kinder, wir wären jetzt verloren, wären wir nicht früher verloren gewesen!"[289]

Die verklärenden Geschichten über Themistokles als Stadtherrn und sein Glück beim Überleben von Attentaten durch mißgünstige Perser, zum Beispiel durch Epixyes, dem Statthalter des oberen Phrygien, häufen sich nun. Auch wenn es sich dabei nicht um historische Begebenheiten handeln mag, so sind die Geschichten zumindest doch illustrierende Elemente, die das Bild, das wir von Themistokles haben, abzurunden

---

[286] Thuk. I. 138.

[287] Nepos. Them. 9. Thuk I. 137.4 läßt ihn zunächst einen Brief schreiben, Diodoros 11. 56.6 berichtet von einem Auftritt bei Hofe, bei dem sich Themistokles zuvor als Frau verkleidet haben soll.

[288] Plut. Them. 29. Thuk. I. 138.5. Diodor. 11. 57.6. Nepos. Them. 10.1. Aristoteles. 10.5.

[289] Plut. Mor. Them. 17.

vermögen. Diese Geschichten sind fast ebenso alt wie ihre Hauptperson selbst und erhalten ihre Rechtfertigung dadurch, daß sie schon in der Antike gekannt und durchschaut wurden, denn auch erfundene Geschichten oder gefälschte Berichte sind eine Art Quellen, wenn sie nur alt genug sind: Sie weisen auf die Perspektive der Zeitgenossen und deren Einstellung hin. Weniger ihr Inhalt zählt, mehr ihre bloße Existenz. Sie können als Zeugnisse für die Bedeutung einer Person angesehen werden.

Hier ist eine dieser Legenden:
Auf einer Reise näherte er sich mit seinem Begleiterstab einer Stadt, die sich "Kopf des Löwen" nannte. Im Traum aber war ihm Dindymene, die Mutter der Götter erschienen und hatte ihn folgendermaßen gewarnt:
"Themistokles, hüte dich vor dem Kopf des Löwen, denn ich fürchte, du könntest in seinen Rachen fallen... für den Rat, den ich dir eben gegeben habe, sollst du mir deine Tochter Mnesiptolema als Priesterin und Dienerin weihen lassen!"[290]
Themistokles nahm die Warnung der Göttin ernst und machte einen Umweg um die Stadt, aber dennoch geriet er mit seinen Begleitern nachts in einen Hinterhalt, aus dem man sich nur mit Not befreien konnte. Erschrocken, dankbar und gesund zurückgekehrt, stiftete Themistokles der Göttin in Magnesia einen Tempel, und Mnesiptolema wurde Priesterin.

In Sardis soll er auf einer anderen Reise eine kleine Statue aus Bronze entdeckt haben, eine Wasserträgerin. Das war eine Statue, die er selber, damals in Athen, hatte anfertigen lassen, als er Aufseher der peisistratischen Wasserleitung gewesen war. Als er allerdings versuchte, den gegenwärtigen Besitzer der Statue dazu zu überreden, die Figur den Athenern zu überbringen, muß er zu weit gegangen sein, denn der Besitzer, immerhin der Statthalter Lydiens, erboste sehr über diese Einmischung und machte seinem König Meldung. Themistokles soll daraufhin den Frauen und Konkubinen des Statthalters reiche Geschenke gemacht haben, um den angerichteten Schaden wieder zu begrenzen. Diese Reaktion erinnert an sein Vorgehen am Hof des Königs Admetos, wo er ebenfalls über den Umweg der Königin sein Ziel erreicht hatte.
Doch auch die richtigen Quellen, handfeste Ausgrabungen, geben uns Aufschluß:

Münzfunde etwa sprechen für eine relativ unabhängige Verwaltungstätigkeit in Magnesia und den anderen Städten, denn diese Münzen entsprechen attischem Standard (ca. 5,6 Gramm) und tragen als Inschrift den Namen des THEMISTOKLEOS über der rechten Gesichtshälfte eines lorbeerbekränzten Apoll. Die andere Seite zeigt einen Raubvogel über den Buchstaben MA für Magnesia.[291]

Mit der Herrschaft über seine Städte und der Münzhoheit war er selber zum Tyrannen einer prosperierenden kleinen Region geworden; wie Miltiades, zum Herrscher eines ertragreichen Gebiets, denn mehr mußte das Wort "Tyrann" nicht bedeuten, aber es ist klar, daß ein Statthalter in persischem Dienst keine Demokratie nach Athener Vorbild in seinem Amtsbereich dulden konnte. Genau wie Miltiades über seine Chersonesos konnte nun Themistokles sagen, daß er ja nicht über freie Griechen, sondern doch nur über unfreie Barbaren herrsche.

Münzen, so wie wir sie noch heute kennen, sind vermutlich eine Erfindung lydischer Tempel, die dazu diente, Ehrengeschenke der Herkunft nach zu kennzeichnen und zu katalogisieren. Künstlerische Gestaltung und Symbolcharakter der Motive werden am Anfang wohl wichtiger gewesen sein, als der eigentliche Wert des Metalls. Die persischen Satrapen in Kleinasien begannen später damit, ihr eigenes Gesicht im Profil auf Münzen prägen zu lassen, zumeist auf Silbermünzen, nicht auf Gold, denn Silber galt lange als das edlere Metall. Auch waren Münzen meist in relativ großen Einheiten geprägt, was sie für das tägliche Leben uninteressant machte, da ihr Wert für alltägliche Transaktionen zu hoch war. Die hauptsächlichen Geschäfte wurden weiterhin in Naturalien abgewickelt. All das spricht für den hohen repräsentativen Wert, den die Münze zu dieser Zeit hatte.

Die Prägungen unter Themistokles sind daher ein Hinweis auf beträchtliche Eigenständigkeit der Regierung und ein - für Themistokles typisches - gutes Selbstbewußtsein, andererseits aber auch auf eine etwas gelassenere Einstellung des neuen persischen Großkönigs gegenüber griechischen Angelegenheiten.

Die Regierungszeit in Asien dürfte in den Jahren zwischen 465 und 459 gelegen haben, dem vermutlichen Todesjahr des Themistokles, das zu datieren nur über einen Umweg möglich ist: Themistokles muß 493/2 als Archont etwa dreißig Jahre alt ge-

---

[290] Sie ist die phrygisch-lydische Göttin Kybele, Nymphengöttin des Hochsommers eines Bienen-, Heilungs- und Fruchtbarkeitskultes auf dem Berg Ida. Bekannt durch die exatische Selbstentmannung ihrer Priester, die Frauenkleider trugen. Vgl. auch Ovid. Metamorphosen 10.565. Vergil. Aeneis. 3.170. Apostelgeschichte 19, 35.
[291] Eine der großen numismatischen Raritäten. ($37,000 im Jahr 1978) Katalog-Referenzen z.B. Kray 906 and Sear 4474.

wesen sein, was ein Geburtsjahr in etwa um 524 nahelegt. Plutarch berichtet in der Vita, daß er mit 65 Jahren an einer Krankheit starb. Dann ist 459 als Todesjahr anzunehmen.

Die Legende vom Selbstmord, den er begangen haben soll, als der Großkönig ihm befahl, mit einem Perserheer Griechenland zu überfallen, wird bereits von Thukydides kritisiert, denn ein solcher Versuch fand auch ohne ihn nicht statt.[292] Es handelt sich bei dieser Legende wohl um einen Ausdruck der Nostalgie, einem Bedürfnis der Nachwelt, das häufig anzutreffen ist, wenn berühmte Menschen einen allzu gewöhnlichen Tod sterben, anstatt in einem besonderen Unglück ums Leben zu kommen oder sonstwie auch im Tode herausragend zu sein.

In diesem Sinn aber, nämlich der Treue zu seiner Heimat, kann eine andere, historisch belegbare Begebenheit gesehen werden, die zeigt, daß er dennoch Athen, und damit seinem Lebenswerk loyal geblieben ist: Lampsakos fiel von der persischen Oberhoheit ab und trat dem Seebund bei,[293] was Themistokles als verantwortlicher Statthalter weder unterband noch bestrafte. Es ist möglich, daß er einfach keine tatsächliche Autorität über das Gebiet ausgeübt hat und somit auch über keine Möglichkeit verfügte, wirkungsvoll einzuschreiten; aber daß er aus Groll über die schlechte Behandlung und die Undankbarkeit der Athener zu einem Feind Athens geworden wäre, oder gar, wie Hippias, durch die Perser seine Autorität wider herstellen wollte, ist nicht bekannt, nicht einmal Herodot, der jeglicher Sympathie gegenüber Themistokles vollkommen unverdächtig ist, deutet dergleichen an. Vielleicht war man mit dem neuen Leben in Magnesia zufrieden, wenn man auch die Heimatstadt vermißte, für die man soviel getan und von der man so wenig erhalten hatte.

In Plutarchs Vita finden wir eine kurze Szene, die den jungen Themistokles mit seinem Vater am Strand von Phaleron zeigt, wo die abgetakelten Kriegsschiffe lagen. Um den Sohn davon abzuhalten, später einmal eine politische Karriere einzuschlagen, soll der Vater die Wracks mit den besten der Bürger verglichen haben, denen die Menge ihre Dienste so vergalt, wie sie die ehemals stolzen Kriegsschiffe nun verrotten ließ.

---

[292] Thuk I. 138.4. Vgl. Plut. Them. 31. Kim. 18. Tit. 20. Diodor. 11. 58.2. und "Die Ritter" des Aristophanes 83ff. Suizid durch einen Trunk aus Bullenblut ist ein häufiges Motiv in der antiken Literatur.
[293] Nepos. Them. 20.

Jedenfalls aber war die Zeit in Kleinasien genauso von administrativer Tätigkeit geprägt, wie die Zeit in Athen eine politische gewesen war, wobei sich freilich die Umstände grundlegend unterschieden. In Magnesia gab es keine Volksversammlung, die mühsam überzeugt werden mußte, daß bestimmte Schritte unternommen werden mußten; hier, in Kleinasien hatte er zwar die alleinige Autorität, aber er hatte auch keinen Kampf um das Bestehen der eigenen Kultur mehr zu führen.

Nun ist, wie zuvor in Griechenland beständige Bautätigkeit nachgewiesen, allerdings nicht nur martialische, wie die Mauern von Athen, sondern auch friedliche und sakrale. Er stiftete außerdem noch religiöse Feste, wie das Panathenäenfest und das Fest der Choen.[294]

Von mehreren Bauten haben wir Kenntnis, u.a. vom Schrein von Phlya, dem Familienheiligtum auf dem griechischen Festland, das Themistokles wieder errichten und reich ausschmücken ließ, nachdem die Perser es zerstört hatten. Dieser Schrein hatte der Familie der Lykomiden unterstanden, dessen Oberhaupt er nun war. Andererseits kann es auch im Zusammenhang mit der Auseinandersetzung mit Kimon geschehen sein, der ebenfalls Tempel und Gartenanlagen einrichten ließ, um in der Gunst der Athener zu steigen. Was Kimon gelang, mißriet Themistokles:

Einem der Artemis geweihten Tempel hatte er den Namen "Aristoboule", der Artemis des besten Rats gegeben; dieser Name aber konnte eben auch auf Themistokles selbst gemünzt gewesen sein, denn in dem Tempel muß ein Standbild gestanden haben, das ihn als denjenigen Helden zeigte, nicht nur im Geist, sondern auch in der Erscheinung, der Griechenland am besten gedient hatte. Dieses etwas zu betonte Selbstbewußtsein zusammen mit den ständigen Erinnerungen an die eigenen Verdienste hatte den Athenern ebensowenig gefallen, wie den Spartanern das Weihgeschenk des Pausanias.

Themistokles konnte das Mißfallen seiner Mitbürger nicht verstehen: "Warum langweilt es euch so, mehrmals von denselben Männern Hilfe zu erhalten?", hatte er angeblich einmal zu ihnen gesagt.[295] Der Seufzer in diesem Ausspruch ist unüberhörbar.

Themistokles hatte nacheinander mindestens zwei Frauen. Die erste hieß Archippe, Tochter des Lysander von Alopeke,[296] mit der er fünf Kinder zeugte. Aus den Quel-

---

[294] Müller, F. Fr. Hist. Gr. IV, 483.
[295] Plut. Mor. Them. 13.
[296] Aristeides' Vater Lysimachos kam ebenfalls aus Alopeke.

len geht nicht hervor, wann die Heirat war, so daß zwischen 505 und 490 alles denkbar wäre. Fünf Söhne sind aus dieser Verbindung hervorgegangen, der erste, der nach Themistokles' Vater Neokleos benannt wurde, starb als Kind an einem Pferdebiß. Platon erwähnt im Dialog Menon einen weiteren Sohn, Kleophantos, als guten Reiter aber ansonsten nichtsnutzigen Charakter.[297] Archeptolis, ein älterer Bruder des Kleophantos heiratete später in Magnesia seine eigene Halbschwester Mnesiptolema,[298] die Priesterin der Dindymene. Der Name dieser Tochter legt eine Geburt unmittelbar nach Salamis nahe.

Die zweite Ehe mit der uns unbekannten Frau brachte vermutlich ebenfalls 5 Kinder hervor, wenn es nicht noch eine dritte Frau gab, von der er dann die letzten zwei Kinder hatte, darunter die erwähnte Mnesiptolema. Einen sprechenden Namen wie diese tragen auch drei weitere Töchter, nämlich Sybaris, Italia und Asia, die vermutlich jüngsten seiner Töchter.

Die Namen Sybaris und Italia erinnern uns an die Drohung des Themistokles am Vorabend der Schlacht im Jahr 480, notfalls Athen ganz aufzugeben und mit den Schiffen nach Italien zu gehen, um die Stadt neu zu gründen.[299]

"... weigerst du dich, so nehmen wir, ohne uns weiter zu besinnen, Weiber und Kinder und wandern aus nach Siris in Italien. Die Stadt ist seit alten Zeiten unser, und Weissagungen verkünden uns, daß wir in Siris ansiedeln sollten", hatte Themistokles zu Eurybiades damals gesagt. Nun war er allein, nur mit seiner Familie fortgegangen, Athen ohne ihn zurückgeblieben, aber durch ihn zu ungekannter Größe aufgestiegen.

In den ihm zugeschriebenen Briefen, die aber tatsächlich das Werk eines viel späteren Autoren sind, ist davon die Rede, daß er sich in Kleinasien nicht wohl fühlte und über Macht und Geld keine rechte Freude empfinden konnte, so heißt es im zwanzigsten Brief. Doch ganz ohne Genugtuung wird er seine neue Position nicht betrachtet haben. Ob er allerdings wirklich keine Revanchegedanken hegte oder sogar eine wie auch immer geartete Rückkehr anstrebte, ob er andererseits aber vielleicht einfach nur mit seinem jetzigen Leben und Wohlstand zufrieden war, wird eine offene Frage bleiben. Sicher ist nur, daß er von seinem Triumph auf dem einen Ufer der Ägäis zu Macht und Herrschaft auf dem anderen erfolgreich und ungestraft

---

[297] Platon. Meno. 93 d.

[298] Solche Heiraten waren weder für Menschen noch für Götter ungewöhnlich, Kimon beispielsweise war mit seiner eigenen Schwester, Elpinike, verheiratet. Die Gemahlin des Zeus, Hera, war ebenfalls dessen Schwester. Vgl. Diodor. Frag, 31.

[299] Herodot. 8. 62. Papastavrou, 37. Das folgende Zitat ist der Stelle entnommen.

überwechselte. Es ist diesem Umstand zu verdanken, daß Themistokles immer als zweischneidige Persönlichkeit aufgefaßt worden ist. Seine legendäre Weitsicht brachte ihn dazu, stets in Alternativen zu denken, so daß immer mehrere Optionen offenblieben, was seinen politischen Verbündeten natürlich suspekt erscheinen mußte. So ein Verhalten konnte nur zu leicht als verräterisch und treulos aufgefaßt werden. Seine Triumphe hat das nicht berührt.

Auch Kimon und Ephialtes, später verbannt, bzw. ermordet, können als politische Nachfolger oder Vollender themistokleischer Politik gesehen werden, in der Zeit, als der große innergriechische Krieg immer näher rückte, der dann den wohl größten Politiker Athens hervorbrachte, Perikles.

Über seine Familie, der Themistokles ebenso vorstand wie er seinem Stamm als Oberhaupt galt, und über sein Familienleben ist nur äußerst wenig bekannt, auch das ist bezeichnend, wenn man daran denkt, daß etwa Alexander der Große sich vor Biographen noch zu Lebzeiten kaum retten konnte und er solche Verfasser von zeitgenössischen Biographien, die ihm nicht zusagten, einfach hinrichten ließ. Dennoch kennen wir auch über Themistokles letzte biographische Details:

Von den jungen Männern, die um die Hand einer seiner Töchter anhielten, wollte er lieber einen erfolgversprechenden Bräutigam auswählen, weniger einen wohlhabenden, denn es soll ihm, berichtet Plutarch, darum gegangen sein, einen Mann zu finden, der Geld brauchte, und nicht, Geld zu finden, das einen Mann nötig hatte.[300]

Als Themistokles starb, blieben die Gebeine in Magnesia; in einem reichgeschmückten Grabmal mitten in der Stadt wurden sie beigesetzt, was aus der Sicht der Magnesier und dem Teil seiner Familie, der nicht nach Athen zurückkehrte nur gerecht war, denn er starb als Verurteilter, und eine Umbettung der Gebeine war durch das Athener Gesetz in einem solchen Fall nicht vorgesehen. Soweit wir über die Verbannung des Themistokles wissen, kann es für seine Familie trotz der hinausgeschmuggelten Geldsumme keine rechtlichen Hindernisse gegeben haben, nach Athen zurückzukehren.[301] So mögen also einige seiner Kinder, vielleicht auch nach der Reform des Ephialtes 459 in Athen in die Vaterstadt zurückgekehrt sein, denn Kleophantos wird von Platon als in Athen lebend geschildert.[302] Mnesiptolema dagegen mußte als Priesterin sicherlich in Magnesia bleiben, wodurch die Spaltung der Fa-

---

[300] Plut. Mor. Them. 12.
[301] Plut. Them. 24.6. und 32.3.

milie in einen persischen und in einen griechischen Zweig endgültig wurde. Nepos schreibt in Anlehnung an Thukydides, daß der älteste Sohn, Diokles,[303] die Gebeine heimlich nach Attika gebracht habe, wo sie unweit des Piraeus, wie Plutarch näher ausführt, bestattet worden seien. Nahe des Kaps von Alkimos sei das Grab, das auch Mark Twain besuchte, zu finden:[304]

> Dein Grab steht sicher hier am Strand,
> Wo Händler es begrüßen mit dem Land.
> Es wird sie kommen sehen und fliehen,
> Und auch die Galeeren, die vorüberziehen.

---

[302] Den Reformen des Ephialtes verdankte Athen indirekt, nach dem Sturz des Reformers, den Aufstieg der großen Demagogen.

[303] Der erstgeborene, Neokles, starb als Kind.

[304] Thuk. I. 138. 6. Judeich, 443.

Abkürzungen

CAH -   Cambridge Ancient History
JHS -   Journal of Hellenistic Studies
AJP -   American Journal of Philology
CQ -   Classical Quarterly
RE -   Pauly-Wissowa Realencyclopädie der classischen Altertumswissenschaft.
    Stuttgart 1894.

Ausgewählte Literatur

Einzelquellen

Aeschylus. Persians. Hg. v. Hall, E. Warminster 1996.

Cicero, Gespräche in Tusculum. München 1984.

Demosthenes, Orationes. 2 Bde. Hg. von Butcher, S.H. Oxford 1903.

Diodoros Fragmente. in: Bibliothek der Griechischen Literatur Bd. 35. Diodoros 2. Band. Hg. von Wirth, P. Gessel, W. Stuttgart 1993.

Herodot, Das Geschichtswerk des Herodotos von Halikarnassos. Baden-Baden 1956.

Herodot. Historien. Griechisch und Deutsch. (Hg. von Feix, J.) Zürich 1988.

Nepos, Vitae cum fragmentis. Stuttgart 1991.

Plutarch, Lives of Illustrious Men. Boston 1891.

Plutarch. Große Griechen und Römer. (Ü) Ziegler, K. in 6 Bdn. Zürich/Stuttgart 1954-65.

Plutarch, Moralia. Cambridge-Harvard 1962.

Thukydides, Geschichte des Peloponnesischen Krieges. Übersetzt und mit einer Einleitung von Landmann, G.P. München 1991.

Xenophon. Erinnerungen an Sokrates. Griechisch-Deutsch. Hg. von Jaerisch, P. München/Zürich 1987.

Xenophon, Die Erziehung des Königs Kyros. (Hg. von Nickel, R. Darmstadt 1992.

Quellensammlungen

Bengtson, Hermann und Werner, Robert. (Bearb.) Die Staatsverträge des Altertums (SV) Band 2. hg. Von der Kommission für alte Geschichte und Epigraphik des deutschen Archäologischen Instituts, München 1975.

Cameron, G.C. Persepolis Treasury Tablets. Chicago 1948.

Crawford, M.H. Whitehead, D. Archaic and classical Greece. A selection of ancient sources in translation. Cambridge 1983.

Halloc, R.T. Persepolis Fortification Tablets. Chicago 1969.

Jacoby, F. Die Fragmente der Griechischen Historiker (FGrHist). 15 Bde. Berlin Leiden 1923 bis 1958.

Kuhrt, A. Survey of written Sources Available for the History of Babylonia under the later the Achaemenids (concentrating on the period from Artaxerxes II. to Dareios III. Achaemenid History. 1 147-57.

Lang, M. L. Ostraka in: The Athenian Agora. Results of Excavations conducted by the American School of Classical Studies at Athens. Volume XXV. Princeton 1990.

Rehm, A. & Graeve, V. & Hermann, P. Inschriften von Milet. Berlin 1998. Bd 2.

Allgemeine Darstellungen

Balcer, J. M. The Persian Conquest 545-450 BC. in: Xenia. Konstanzer Althistori-sche Vorträge und Forschungen. Konstanz. Heft 38.

Bengtson, H. Griechische Geschichte. Von den Anfängen bis in die Kaiserzeit. München 1965. (1977)

Bengtson, H. The Greeks and the Persians, London 1969.

Berve, H. Die Tyrannis bei den Griechen. München 1967.

Brunt, P.A. The Hellenic League against Persia. Historia 2 (1953) 135-63.

Burn, A. R. Persia and the Greeks. The Defense of the West, c.546-478 B.C. London 1984.

Buslot. G. und Swoboda H. Griechische Staatskunde. München 1972.

Christ, K. (Hg) Sparta. WdF 622 Darmstadt 1986.

Clauss, M. Sparta. Eine Einführung in seine Geschichte und Zivilisation München 1983.

Evans, J. A. S. Herodotus and Marathon. Florilegium 6 (1984) 1- 27.

Finley, M. I. Das politische Leben der antiken Welt. München 1986.

Gomme, A.W. Herodotus and Marathon. Phoenix 6. (1952) 77-83.

Jones, A.H. M. Sparta. Oxford 1967.

Koch, H. Es kündet Dareios der König...: vom Leben im persischen Großreich, Mainz 1992.

Krause, W. Die Griechen. Wien 1969.

Kreissig, H. (Hg) Griechische Geschichte bis 146 v. Chr. Berlin 1978.

Kuhrt, A. Babylonia from Cyrus to Xerxes. Sources. CAH Vol. 4. 112-9.

Meyer, E. Geschichte des Altertums. Darmstadt 1954.

Murray, O. Das frühe Griechenland. München 1986.

Olivia, P. Sparta and her social Problems. Amsterdam 1971.

Schulller, W. Griechische Geschichte. Darmstadt 1991.

Stein-Hölkeskamp, E. Adelskultur und Polisgemeinschaft. Stuttgart 1989.

Tatum, J. Xenophons Imperial Fiction: On the Education of Cyrus, Princeton 1989.

Weiler, I. Griechische Geschichte. Darmstadt 1988.

Welwei, K. Die Griechische Polis. Stuttgart 1983.

Wilcken, U. Griechische Geschichte. Berlin 1962.

Einzeldarstellungen

Anderson, J.K. Hoplite Weapons and Offensive Arms. In: Hanson, V. D. Hoplites - The Classical Greek Battle Experience. London 1991. S. 15-37.

Balcer, J.M. Studien zum attischen Seebund. Konstanz 1984.

Basch, L. Trières grecques, phéniciennes et égyptiennes JHS 97 (1977) 1-10.

Bengtson, H. Griechische Staatsmänner des 5. und 4. Jahrhunderts. München 1983.

Berger, E. (Hg) Parthenon Kongreß Basel. 2 Bde. Mainz 1984.

Berve, H. Zur Themistokles-Inschrift von Troizen, Bayerische Akademie der Wissenschaften, Sitzungsberichte, Heft 3. München 1961.

Berve, H. Gestaltende Kräfte der Antike, Aufsätze und Vorträge zur griechischen und römischen Geschichte. München 1966.

Bleicken, J. Die Athenische Demokratie. Paderborn 1994.

Boeckh, A. Die Staatshaushaltung der Athener. 2 Bde. Berlin 1886.

Boersma, J. S. the Athenian Building Policy from 561/0 to 405/4 B.C. Groningen 1970.

Brommer, F. Die Akropolis von Athen. Darmstadt 1985.

Burkert, W. Mythos und Mythologie in: Propyläen Geschichte der Literatur. 11-35.

Camp, J. M. Die Agora von Athen. Ausgrabungen im Herzen des klassischen Athen. Mainz 1989.

Carpenter, R. Die Erbauer des Parthenon. München 1970.

Davies, J.K. Athenian Propertied Families. Oxford 1971.

Davies, J. K. Das klassische Griechenland und die Demokratie. München 1991.

Develin, R. Athenian Officials 684 - 321 BC Cambridge - New York - Sidney 1989.

Diesner, H.J. Kriege des Altertums. Berlin 1974.

Dover, K. J. Religiöse und moralische Haltungen bei den Griechen. in Propyläen Geschichte der Literatur. 68-84.

Dover, K. J. Redekunst der Griechen. in: Propyläen Geschichte der Literatur. 289-297.

Edelmann, H. Demokratie bei Herodot und Thukydides. Klio 57 1975. 313-329.

Eickstedt, L. V. von. Beiträge zur Topographie des antiken Piraeus. Athen 1991.

Euben, J.P. The Battle of Salamis and the Origins of Political Theory. Political Theory 14. 1986. 359-90.

Fehling, D. Herodotus and his "Sources". Citation, Invention and Narrative Art, Übers. v. Howie, J.G., Leeds 1989.

Figueira, T. Herodotus and the Early Hostilities between Aegina and Athens. AJP 106. 1985. 49-74.

Finley, M. 'The 5th Century Athenian Empire' in: Imperialism in the Ancient World. hg v. Garnsey, P.D.A. und Whittaker, C.R. , Cambridge 1978, 103-126.

Finley, M. Democracy Ancient and Modern, London 1973.

Francis, E. D. Image and Idea in 5th Century Greece. London/NewYork 1990.

Funke, H. Homer und seine Leser in der Antike. in: Propyläen Geschichte der Literatur. 127-136.

Garland, R. The Piraeus From the Fifth to the First Century B.C, London 1987.

Gentili, B. Griechische Lyrik und Musik. in: Propyläen Geschichte der Literatur, S 166-197.

Gomme, A.W. Rebuilding in Athens in the mid-fifth Century B.C. G&R 4 1957. 169f.

Gomme, A. W. More Essays in Greek History and Literature. Oxford 1962.

Ranke-Graves, R. Griechische Mythologie. Quellen und Deutung.

Reinbek bei Hamburg 1990.

Green, P. The Year of Salamis 480-479, London 1970.

Gschnitzer, F. Die Griechische Geschichtsschreibung. in: Propyläen Geschichte der Literatur, 232-253.

Haas, C.J. Athenian Naval Power before Themistocles. Historia 34.1985. 29-46.

Hammond, N.G. L. Herodotus VII and the Decree of Themistocles, JHS 102 (1982) 75-93.

Hansen, M.H. The Athenian ecclesia. A collection of articles 1976-83.Kopenhagen 1983.

Hansen, M.H. The Athenian Helaia from Solon to Aristotle. CQM 33.1981/2. 9-47.

Hansen, M.H. Was Athens a Democracy? Popular Rule, Liberty, and Equality in ancient and modern political thought. Kopenhagen 1989.

Himmelmann, N. Phidias und die Parthenonskulpturen. in: Lippold, A. & Himmelmann, N. (Hg). Festschrift J. Straub. Bonn 1977, 67-90.

Hörhager, H. Zu der Flottenoperation am Kap Artemision. Chiron 3 (1973) 433-59.

Jaeger, W. Paideia. Die Formung des griechischen Menschen.

Berlin NewYork 1973.

Jameson, M. A Decree of Themistocles from Troizen. Hesperia 29. (1960) 198-223.

Johnston, Paul. Ship and Boat Models in Ancient Greece. Annapolis, Maryland 1985.

Jones, A. H. M. Die wirtschaftlichen Grundlagen der Athenischen Demokratie. WG 14. 1954. S. 10f.

Jones, A. H. M. The Athenian Democracy. Oxford 1978.

Judeich, W. Topographie von Athen. München 1931.

Kagan, D. The Outbreak of the Peloponnesian War, New York 1969.

Kallet-Marx, L. Did tribute found the parthenon? CIAnt 8 1989. 252-266.

Kallet-Marx, L. Money, Expense, and Naval Power in Thucidydes' History 1-5.24, Berkeley 1993.

Lacey, W. K. Die Familie im antiken Griechenland. Mainz 1983.

Lauffer, S. Die Bergwerkssklaven von Laurion. Wiesbaden 1997.

Lehmann, G.A. Der Ostrakismos Entscheid in Athen von Kleisthenes bis zur Ära des Themistokles. ZPE 41 1981 S. 85-9.

Macintosh, F. Dying Acts. Death in Ancient Greek and Irish Tragic Drama. Cork 1994.

Marg, W. Zur Strategie der Schlacht bei Salamis. Hermes 90 (1962) 116-9.

Martin, J. Von Kleisthenes zu Ephialtes. Zur Entstehung der Athenischen Demokratie. Chiron 4. (1974) 5-42.

Mattingly, H.B. The financial decrees of Callias. PACA 7. 1967. 35 f.

Maurice, F. The Size of the Army of Xerxes in the Invasion of Greece 480 B.C. JHS 50 (1930) 210-35.

Meier, C. Die Entstehung des Politischen bei den Griechen Frankfurt/M. 1980.

Meiggs, R. The Athenian Empire, Oxford 1975.

Meritt, B.D. Athenian financial documents. Ann Arbor 1932.

Morrison, J.S. & Coates, J.F. Die Athenische Triere: Geschichte und Rekonstruktion eines Kriegsschiffes der griechischen Antike. Mainz 1990.

Müller, R. (Hg) Kulturgeschichte der Antike, Bd. 1: Griechenland. Berlin 1976. S. 188-200.

Nestle, W. Die Vorsokratiker. Wiesbaden 1956.

Ober, J. The Athenians and their Democracy. EMC 35. 1991. 160-187.

Parker, R. Athenian Religion- A History. Oxford 1997.

Pelling, C. East is East and West is West - Or are they? National Stereotypes in Herodot. in: The electronic Journal of ancient Historiography at the University of Durham. Histos. Vol.1. March 1997.

Pistorius, T. Hegemoniestreben und Autonomiesicherung in der griechischen Vertragspolitik klassischer und hellenistischer Zeit. Frankfut/M. Bern New York 1985.

Pritchett, W.K. Ancient Greek Military Practices, Part I, University of California 1971.

Pritchett, W.K. The Greek State at War. Berkeley/Los Angeles/London 1971- 85.

Quinn; T.J. Athens and Samos, Lesbos, and Chios 478-404 B.C. Manchester 1981.

Raaflaub, K. Politisches Denken und Handeln bei den Griechen. in: Propyläe Geschichte der Literatur, S. 36-67.

Rhodes P.J. The Athenian Boule. Oxford 1985.

Riedl, P.A. Gian Lorenzo Bernini, Apoll und Daphne, Stuttgart 1960.

Roisman, J. On Phrynichos Sack of Miletos and Phoenissae Eranos 86. 1988, S. 15-23.

Schuller, W. (Hg) Korruption im Altertum. Konstanzer Symposium Oktober 1979. München Wien 1982.

Starr, C.G. The Birth of Athenian Democracy. The assembly in the fifth century B.C. New York 1990.

Steinbrecher, M. Der Delisch Attische Seebund und die athenisch-spartanischen Beziehungen in der kimonischen Ära. Stuttgart 1985.

Stockton, D. The classical Athenian Democracy. Oxford 1990.

Szlezák, T. A. Griechische Philosophie und Wissenschaft. in: Propyläen Geschichte der Literatur, S 254-274.

Tausend, K. Amphiktyonie und Symmachie: Formen zwischenstaatlicher Beziehungen im archaischen Griechenland, Stuttgart 1992.

Taylor, M. W. The Tyrant Slayers: The Heroic Image in 5th Century BC. Athenian Art and Politics. NewYork 1981.

Touloumakos, J. Die theoretische Begründung der Demokratie in der klassischen Zeit Griechenlands. Athen 1985.

Traill, J. S. The political organization of Attika A study of the demes, trittyes and phylai and their representation in the Athenian Council. Princeton 1975.

Vanderpool, E. Ostracism at Athens. Cincinnati 1970.

Wallace, R.W. The Areopagus council to 307 B.C. Baltimore 1989.

Wedel, W. von. Die politischen Prozesse im Athen des 5. Jahrhunderts. BIDR 74 1971. 107-188.

Werner, R. Die Quellen zur Einführung des Ostrakimos. Athenaeum 36. 1958. 48f.

Westlake, H.D. Essays on the Greek Historians and Greek History. New York 1969.

White, K.D. Greek and Roman Technology. Ithaca, New York. 1984

Wolff, H. Die Opposition gegen die radikale Demokratie in Athen bis zum Jahre 411 v. Chr. ZPE 36. 1979. 279-302.

Themistokles

Bauer, A. Themistokles. Merseburg 1881.
Fornara, C.W. Themistocles' Archonship. Historia 20. 1971. 534-40.
Frost, F. J. Plutarch's Themistocles. Princeton 1980.
Hahn, I. Aeschylos und Themistokles. Bemerkungen zu den Persern. in: Schmidt, E. G. Aeschylos und Pindar. Berlin 1981. S. 73-86.
Lenardon, R. J. The Saga of Themistocles. London 1978.
Lenardon, R. The Archonship of Themistocles. Historia 5. 1956. 401-19.
Papastasvrou, I. Themistokles. Darmstadt 1978.
Podlecki, A.J. The Life of Themistocles. Montreal - London 1975.
Schachermeyr, F. Die Sieger der Perserkriege. Göttingen - Zürich - Frankfurt 1974.
Schachermeyr, F. Die Themistokles-Stele und ihre Bedeutung für die Vorgeschichte der Schlacht von Salamis. in: Jahreshefte d. österr. Arch. Inst. 46. (1961/63), 158-175.
Scherling, K. Lycomidai. in: RE.13. 1927. 2300.
Seibert, J. Die politischen Flüchtlinge und Verbannten in der griechischen Geschichte. Darmstadt 1979.

Historiker und Schriftsteller

Belloni, L. L'ombra di Dareio nei Persiani di Eschilo: La regalità degli Achaemenidi e il pubblico di Athene. Orpheus 3 1982. S. 185-99.
Bichler, R. Herodots Welt. Berlin 2000.
Borowska, M. Le théâtre politique d'Euripide. Warschau 1989.
Broadhead, H.D. The Persae of Aeschylos. Cambridge 1960.
Deichgräber, K. Die Persertetralogie des Aeschylos. Mainz 1974.
Edinger, H. Index Analyticus Graecitatis Aeschylae. Hildesheim New York 1981.
Ehrenberg, V. Sophokles und Perikles. München 1956.

Erbse, H. Fiktion und Wahrheit im Werk Herodots, Göttingen 1991 (Nachrichten der Akademie der Wissenschaften in Göttingen, phil.-hist. Kl., Jg 1991, S. 131-150).

Forrest, W G. Herodotos and Athens. Phoenix 38. 1984. 1-11.

Gomme, A.W. A Historical Commentary on Thucydides, Vol. 1-3, Oxford 1945/1970/*1981*.

Goossens, R. Euripide et Athènes. Bruxelles 1962.

Hart, J. Herodotus and Greek History, London 1982.

Heath, M. Political comedy in Aristophanes. Göttingen 1987.

Kuch, H. Der Dichter und die Demokratie. in: Schmidt, E.G. (Hg) Aeschylos und Pindar. Berlin 1981. 135-144.

Kuch, H. Euripides. Leipzig 1984.

Marg, W. (Hg) Herodot. Darmstadt 1965.

Meister, K. Stesimbrotos' Schrift über die Athenischen Staatsmänner und ihre historische Bedeutung (FGrHist 197 F 1-11) Hist. 27 1978. 274-294.

Rhodes, P. J. A Commentary on the Aristotelian ATHENAION POLITEIA Oxford 1993

Romilly; J. de Thucydides and Athenian Imperialism, Oxford 1963.

Snell, B. (Hg.) Tragicorum Graecorum Fragmenta Vol.1. Göttingen 1971.

Stark, I. Das Verhältnis des Aristophanes zur Demokratie der Athenischen Polis. Klio 57 1975. 329-365.

Thomson, G. Aeschylus and Athens, London 1973.

Tsakmakis, A. Thukydides über die Vergangenheit, Tübingen 1995.

Waters, H. The Purpose of Dramatisation in Herodotus. Historia 15.1966.157-71.

Erwähnungen

Anderson, F. & Frank, M.B. (Hg) The Mark Twain Papers Vol. 1 Berkeley, 1975.

Marchand, L. A. Byron a Biography, London 1957.

Pappenheim, M. The Greeks have a Word for it. The Independent 1993.

Swift, J. A Discourse of the Contests and Dissensions between the Nobles and Commons in Athens and Rome, with the Consequences they had upon both those States. in: The Works of the Rev. Dr. Jonathan Swift, Dean of St. Patrick's, Dublin, in 20 Volumes. 1772.

Karten

Athen und der Piraeus
Attika, Sund von Salamis
Hellas und Kleinasien

Abbildungen

Büste des Themistokles, römische Marmorkopie nach einem griechischen Original um 470. Deutsches Archäologisches Institut. 66.2290; Foto: Koppermann
Ostraka: *Aristeides und Themistokles*, M. Camp. Agora, Athen
Triere, Draufblick, Skizze nach Morrison und Coates
Achilles verbindet den verwundeten Patroklos, Antikensammlung, Staatliche Museen zu Berlin. Preussischer Kulturbesitz. F 2278; Foto: Ute Jung

Zeittafel

570- 480	vermutetes Leben des Pythagoras
565-470	Leben des Xenophanes von Kolophon
561/0-510	Tyrannis des Peisistratos und seiner Nachfolger in Athen
559-529	Leben des Kyros II.
546	Niederlage des Lyderkönigs Kroisos gegen Persien. Kleinasien steht unter persischer Kontrolle
545	Sparta warnt Persien vor Aggressionen gegen die Griechenstädte in Kleinasien
539	Persische Eroberung Babylons. Rückkehr der Juden nach Palästina
535-475	Leben des Heraklit aus Ephesos
521-486	Dareios I. Begründer des persischen Weltreiches. Eroberung Ägyptens und des Indusgebietes
525-456	Leben des Aeschlylos
529-522	Kambyses II. Dareios tötet Gaumata und besteigt den persischen Thron
524	vermutete Geburt des Themistokles
511	Zerstörung der Stadt Sybaris
513	Feldzug und Niederlage des Dareios gegen die Skythen
510	Hippias erbaut eine Festung auf der Halbinsel Piraeus
510	Sturz der Tyrannen in Athen durch Kleisthenes
509-7	Reformen des Kleisthenes
507	Athen unterstellt sich formal dem Schutz des persischen Weltreichs
508	Vertreibung und Rückkehr des Kleisthenes
500-494	Der Ionische Aufstand endet mit der Zerstörung Milets 493 Themistokles wird Aufseher über die Wasserleitungen "Der Fall von Milet" des Phrynichos
500-425	Leben des Anaxagoras von Klasomenai
500-420	Leben des Phidias
497-406	Leben des Sophokles
493	Themistokles wird Archont
492	Eroberung Makedoniens und Thrakiens durch die Perser unter Mardonius
490	Erster Perserzug unter Datis und Artaphrenes: Schlacht von Marathon
490-425	Leben des Herodot von Halikarnassos
488/7	Athenischer Krieg gegen Aigina
487/6	Das Archontat wird Losamt. Megakles und Hipparchos werden verbannt Beginn des Athener Flottenbauprogramms
486	Tod des Dareios. Xerxes I. Beginnender Zerfall des persischen Reiches
483/2	Aristeides verbannt. Die Silberminen von Sunion werden ausgebeutet
483-375	Leben des Gorgias von Leontini
481	Hellenische Symmachie zur Abwehr der persischen Invasion

480	Perserzug. Schlacht an den Thermopylen. Evakuierung der Athener Bevölkerung Athen wird von den Persern geplündert. Seeschlachten von Artemision und Salamis (Ende September). Themistokles in Sparta. Gelon von Syrakus siegt in der Schlacht bei Himera über die Karthager
479	2. Zerstörung Athens durch Mardonios nach der Flucht des Xerxes
479	Xanthippos und Aristeides als Strategen. Schlacht von Plataiai (Anfang August), Mykale (Mitte August). Belagerung von Sestos
479	Aufstand in Babylon; aus dem Verteidigungskrieg gegen die Perser wird ein Offensivkrieg
479/8	Bau der Athener Mauern, Piraeus weiter ausgebaut
478/7	Gründung des attischen Seebundes. Befreiung der ionischen Städte
478	Abberufung des Pausanias vom Oberkommando am schwarzen Meer
477	1. Attischer Seebund: Bundessitz in Delos. Piraeusausbau beendet
477/6	Belagerung und Einnahme von Eion
476	Uraufführung der "Perserinnen" unter der Choregie des Themistokles. Themistokles' Auftritt bei den Olympischen Spielen Kimon führt die Gebeine des Theseus nach Athen zurück
474	Hieron von Syrakus siegt in der Schlacht von Kyme.
472	Uraufführung der "Perser"
471/0	Pausanias wird aus Byzanz vertrieben. Themistokles ostrakisiert. Flucht nach Argos.
470-399	Leben des Sokrates
469	Tod des Pausanias
467	Themistokles wegen Verrats verurteilt, Flucht aus Argos nach Kerkyra
466/5	Doppelsieg des Kimon am Eurymedon. Tod des Xerxes auf den Thron folgt Artaxerxes I. Themistokles gelangt über Makedonien nach Kleinasien. Statthalter von Magnesia bis vermutl. 459
464/3	(Sommer) Erdbebenkatastrophe in Sparta und Helotenaufstand, 3. Messenischer Krieg bis 459.
462/1	Reformen des Ephialtes. Entmachtung des Areopags, Höhepunkt der Demokratiebewegung
461	Kimon verbannt. Einführung von Tagesdiäten für Ratsmitglieder in den Athener Regierungsorganen Ermordung des Ephialtes. Perikles führt die Reformen weiter Athen kündigt Bündnis mit Sparta und geht stattdessen einen Vertrag mit dem spartanischen Konkurrenten Argos ein
460	Bau der "langen Mauern" bis Winter 458/7. Athen wird größte Festung Griechenlands Bau der Stoa Poikile
459	Fall der messenischen Festung Ithome nach Belagerung durch spartanische und Athenische Truppen
455	Geburt des Thukydides
459	vermutliches Todesjahr des Themistokles
457	Abschluß der Arbeiten an der Festung Athen/Piraeus
454	Die attische Bundeskasse wird nach Athen verlegt
451	Aufstieg des Perikles. 5-Jähriger Waffenstillstand mit Sparta

450	Kimon stirbt kurz vor dem Doppelsieg der Athener bei Salamis (Zypern) über die Perser 449
449	Der Frieden des Kallias vermittelt zwischen Persern und Griechen
448	Bau des Parthenon beginnt. Attische Münz- und Maßeinheiten setzen sich in Hellas durch
446	Spartanischer Einfall in Attika
434	Kalliasdekrete
430	Die Pest in Athen
429	Tod des Perikles
423	Thukydides verbannt
421	Fünfzigjähriger Friede

Glossar

Achämeniden	Name des altpersischen Königsgeschlechts, nach Achämenes. u.a. Kyros, d.Gr. Dareios, d.Gr. und Xerxes.
Agora	eigentlich Marktplatz. (vgl. lat. Forum.) Bühne der politischen Öffentlichkeit
Alkmeoniden	Attisches Aristokratengeschlecht nach Alkmeon, einem Urenkel Nestors, benannt.
Amphiktionie	Politisch koalierte Grenznachbarn
Apella	Spartanische Heeresversammlung
Apoikie	Kolonie mit eigenem Bürgerrecht. s. "Kleruchie"
Arché	Herrschaft, Reich
Archon	in Athen: neun oberste Regierungsbeamte mit einjähriger Amtszeit.
Areopag	Staatsgerichtshof, aus ehemaligen Archonten zusammengesetzt, zuständig z.b. für Fälle des Mords und der Brandstiftung.
Asty	Die innere Stadt Athen im Gegensatz zum Piraeus. (evtl. ein ägyptisches Wort)
Atthis	Literarische Gattung: Athenische Verfassungsgeschichte
Atimia	Ächtung, Verlust aller Bürger- und Ehrenrechte
Barathron	Abgrund im Westen Athens in den verurteilte Verbrecher gestürzt wurden.
Barbar	Nichtgrieche, Ausländer, speziell Perser.
Boulé	Rat der 500 in Athen, die Volksversammlung beratendes Gremium. Wie die ekklesia ebenfalls Gerichtsinstanz zuständig z.b. für Fälle des Hochverrats.
Bouleuten	Mitglieder der Boulé
Cella	Allerheiligstes in einem Tempel
Choregie	Liturgie für einen wohlhabenden Bürger, ein Staatsfest (Chor) auf eigene Kosten zu finanzieren.
Demarchos	Vorsteher einer Bürgerschaft
Demos	Die Gesamtheit der Bürger; Nichtaristokraten, aber auch Verwaltungseinheit in Attika.
Dikasten	Rechtssprecher, Richter.
Dionysien	Festspiele zu Ehren des Gottes Dionysos. (Februar / März)
Drachme	uneinheitliches Zahlungsmittel oft nach Orten benannt, = 6 Obolen. 1000 Drachmen = 1 Talent. Attische Drachme = 4,37 Gramm. Oft in der Form von metallenen Spießchen.
Ekklesia	Volksversammlung
Elam	Vorderasiatisches Königreich im Osten Mesopotamiens.
Ephebe	18-jährige Männer in staatlicher Kriegsdienstausbildung.
Ephoren	Die fünf höchsten Amtsträger Spartas. Gegengewicht zu den beiden Königen.
Episkopoi	Athener Aufsichtsbeamte
eponymos	"Namenverleihend". Der Archont eines Jahres gab dem Jahr seinen Namen. Methode der Zeitrechnung.
Erechtheion	Tempel des Erechtheus, Nebengestalt des Poseidon, attischer Stammheros in Schlangengestalt aufgezogen von Athene.
Gerusia	Spartanischer Ältestenrat

Hegemon	Führer oder Herrscher. Personen, Städte oder Reiche konnten Hegemon sein.
Heloten	Staatssklaven in Sparta. Unterworfene Mehrheit.
Hippeis	Die Ritter, der Adel. Zweite solonische Vermögensklasse
Hoplit	Schwerbewaffneter Infanterist mit Lanze und Schild.
Isonomia	Rechtsgleichheit. Demokratie
Isthmos	(eigentl. "Kehle") Landenge von Korinth.
Karnäen	Dorisches, dem Apollon geweihtes, neuntägiges Fest Ende August.
Kleruchie	Von der Metropole abhängige Kolonie ohne eigenes Bürgerrecht.
Liturgie	Dienstleistung eines begüterten Bürgers für den Staat.
Medismos	Perserfreundlichkeit. Zunächst nur politische Richtung In der Zeit der Perserkriege dann gleichbedeutend mit Hochverrat.
Metoike	Mitbewohner ohne Bürgerrecht. Freier Fremder.
Mine	"Mna". Als Zeitmaß: 24 Minuten (= ein Sechzigstel Tag) als Gewicht: 437 Gramm.
Nauarch	Flotten- oder Flotillenkommandant
Obole	Zahlungsmittel. s. auch "Drachme"
Ostrakismos	Tonscherbengericht, durch das ein Athener Bürger zu 10 Jahren Verbannung ohne Ehr- oder Vermögensverlust verurteilt werden konnte.
Parthenon	Tempel der Athene auf der Akropolis
Panathenaien	Hauptfest Athens zu Ehren der Athene
Peisistratiden	Söhne oder Nachfolger des Tyrannen Peisistratos.
Pentakosio-medimnoi	Erste Vermögensklasse der 50-Scheffler.
Pentekontaetie	Die etwa 50 Jahre Frieden zwischen den Perserkriegen und dem Peloponnesischen Krieg.
Pentekontere	Fünfzigruderer, Kriegsschiff.
Perioiken	Nicht vollberechtigte Umwohner in Sparta.
Phalanx	Geschlossene Schlachtreihe der schwerbewaffneten Hopliten. Lanzen- und Schildwall.
Phaleron	Bucht südlich von Athen, diente vor dem Ausbau des Piraeus als Hafen
Philaiden	Attisches Aristokratengeschlecht. Familie u.a. des Miltiades und Kimon.
Phyle	Stamm. In Athen seit Kleisthenes eine der zehn Unterabteilungen der Bürgerschaft. Eine Phyle entsandte 50 Bouleuten in den Rat. Eine Phyle bestand aus drei Trittyes, Dritteln: Stadt, Küste und Innenland.
Piraeus	Halbinsel und Flottenhafen vor Athen. Sitz einer eigenen Deme.
Polemarch	In Athen der dritte der neun Archonten, mit der Kriegführung betraut.
Polis	Stadtstaat, Stadt.
Pnyx	Hügel Athens, auf dem die Ekklesia tagte.
Prytanen	Geschäftsführende Mitglieder der Boulé.
Prytanie	Amtsperiode der Prytanen 35/36 Tage
Pséphisma	Beschluß der Volksversammlung, Abstimmung
Satrap	Statthalter des persischen Großkönigs
Stele	Bildsäule

Stoá	Säulenhalle, später: philosophische Richtung
Stola	Griechische Tracht
Strategos	Für ein Jahr gewählter Feldherr; auch Beiname des Zeus.
Symmachia	(Kampf-)Bund
Symmachoi	(Kampf-)Bündner
Synhédrion	Beratende Versammlung des 1. Attischen Seebundes
Talent	Zahlungsmittel = 1000 Drachmen
Thesaurós	Schatzhaus
Theten	Vierte solonische Vermögensklasse, freie Lohnarbeiter ohne Grundeigentum.
Timokratie	Herrschaft der Besitzenden
Triere	Dreiruderer mit Rammsporn
Trittyes	Drittel einer Deme, vgl. Tri-bus.
Zeugiten	Dritte solonische Vermögensklasse

Index

Stammbaum

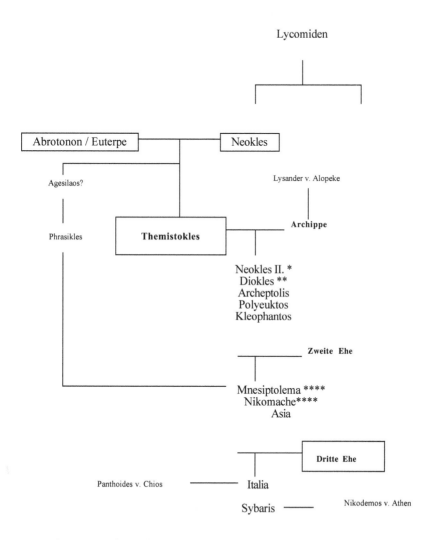

Lycomiden

Abrotonon / Euterpe — Neokles

Agesilaos?

Lysander v. Alopeke

Phrasikles

Themistokles — **Archippe**

Neokles II. *
Diokles **
Archeptolis
Polyeuktos
Kleophantos

Zweite Ehe

Mnesiptolema ****
Nikomache****
Asia

Dritte Ehe

Panthoides v. Chios — Italia

Sybaris — Nikodemos v. Athen

*	vermutlich als Kind gestorben
**	von Lysander adoptiert
***	Vater eines weiteren Themistokles
****	beide vermutlich nach 475 geboren

Zeugnisse über Themistokles

Wenn wir die Größe seiner [des Themistokles] *Leistungen bedenken, und bei der Betrachtung der Einzelheiten feststellen, daß er von der Stadt entehrt wurde, die Stadt aber auf seine Leistungen stolz ist, so stellen wir in der Tat fest, daß die Stadt, die den Anschein gibt, die weiseste und gemäßigteste aller Städte zu sein, sich ihm gegenüber als die schlimmste erwiesen hat.*
Ephoros

Wirklich zeigte Themistokles eine so offensichtliche Mächtigkeit seiner Natur, daß er im höchsten Grade dafür ganz besonderer Bewunderung wert war; durch eigene Klugheit allein, weder irgendwie vorbelehrt noch nachbelehrt, war er mit kürzester Überlegung ein unfehlbarer Erkenner des Augenblicks
und auf weiteste Sicht der beste Berechner der Zukunft. Was er an die Hand nahm, vermochte er auch darzustellen; selbst wo ihm Erfahrung fehlte, war ihm doch treffendes Urteil nicht versagt; das Bessere und das Schlechtere konnte er noch im Ungewissen am ehesten voraussehen. Mit einem Wort: durch die Macht seiner Anlage, fast ohne Schulung, war dieser Mann fähig wie keiner aus der Eingebung des Augenblicks das Entscheidende zu treffen.
Thukydides

"-Kennst du aber noch einige andere Zauberlieder?"
"-- Nein, doch ich hörte, daß Perikles viele wisse, durch deren Gesang er es dahin brachte, daß die Bürgerschaft ihn liebte. Wie erreichte es aber Themistokles, daß er bei der Bürgerschaft beliebt war? Fürwahr beim Zeus nicht durch Gesang, sondern indem er irgendwie Gutes für sie tat."
Xenophon

Und die hochgepriesene Politik - denn ich übergehe vieles - wieviele Gefahren bringt diese mit sich! Gelingt sie, so wird man dabei wie von einem hitzigen Fieber hin und hergeworfen; mißlingt sie, so ist sie das allerpeinlichste und schlimmer als tausendfacher Tod. Denn wie kann man glücklich sein, wenn man mit dem Pöbel leben muß, wenn man, ein Spielball des Volkes, bald von ihm gehätschelt wird und seinen Beifall erntet, bald verbannt, ausgepfiffen, gestraft, hingerichtet und dann wieder bemitleidet wird? Wo ist denn Miltiades gestorben, wo Themistokles, wo Ephialtes?
Prodikos

Themistokles, des Neokles Sohn, besaß vor dem Beginn seiner politischen Laufbahn nur drei Talente väterliches Vermögen. Als er aber leitender Staatsmann gewesen

war, verbannt, und sein Vermögen eingezogen wurde, überführte man ihn eines Besitzes von mehr als hundert Talenten.
Kritias

Auch mit Themistokles, der an den Perserhof geflüchtet war, hat sich die öffentliche Meinung beschäftigt. Er, der Besieger der Perser, war von Artaxerxes wohlwollend aufgenommen worden. Nach der vernichtenden Niederlage hatte Xerxes wohl alle Pläne zur Unterwerfung Griechenlands begraben. Es hatte also gar keine Möglichkeit gegeben, daß sich Themistokles an einem Feldzug gegen seine Heimat beteiligt hätte. Gerade darin erblickte die griechische Legende den eigentlichen Ruhm des Themistokles, der in der Verbannung für seine Heimat gewirkt habe. Denn er habe mit Artaxerxes verabredet, daß dieser nicht ohne ihn gegen Griechenland ziehen werde. Um die Erfüllung dieses Versprechens unmöglich zu machen, habe er Selbstmord begangen.
Jakob Seibert

Themistokles aber schlug einen anderen Weg ein. Er beließ die Institution der Jahresbeamten in alter Form, benahm ihr aber alle Bedeutung und Autorität. Hierdurch wurde der Weg frei für den Vertrauensmann des Volks. Das hat Themistokles natürlich zuerst für sich in Aussicht genommen, doch zweifle ich nicht, daß seine Zukunftsschau noch über sein eigenes Leben hinausging, und daß er in dieser gar nicht schriftlich niedergelegten neuen Führungsform auch für eine fernere Zukunft die beste Lösung des attischen Verfassungsproblems erblickte. Daß er es freilich erleben mußte, wie sich diese seine Schöpfung schließlich gegen ihn selbst wendete, ja daß ihn die Heimat als Verräter verstieß, war echte Tragik, so wie sie sonst Dichter in Dramen gestalten.
Fritz Schachermeyr

Wer wird nicht das Athen des Themistokles und des Perikles bewundern? Aber warum vergessen, daß es eine Gewaltherrschaft war, die jener begründete, dieser über das halbe Griechentum ausbreitete und hart genug, ja mit dem Bewußtsein übte, daß Athens Macht eine Tyrannis sei.
Johann Gustav Droysen

Er ist der Retter von Griechenland im Jahre 480 gewesen, er ist der Schöpfer der Athenischen Seemacht und überhaupt der ersten staatlichen Kriegsflotte im modernen Sinn; ohne ihn ist die politische Geschichte der ganze Folgezeit nicht denkbar; nicht am geringsten aber ist seine Bedeutung auch für die geistige Entwicklung: er hat dem griechischen Klerus getrotzt, hat gegen Delphoi und den Götterspruch die Nation zum Freiheitskampf gebracht. mit Themistokles ist das Zeitalter, wo die Tempel in Griechenland Geschichte machen, endgültig vorbei.
Ulrich Kahrstedt

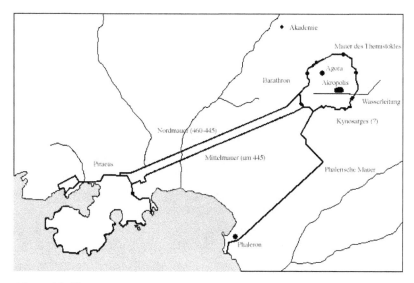

Athen und der Piraeus

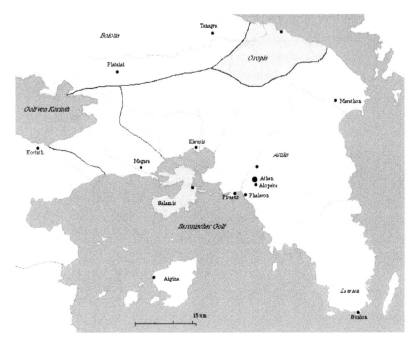

Attika, Sund von Salamis

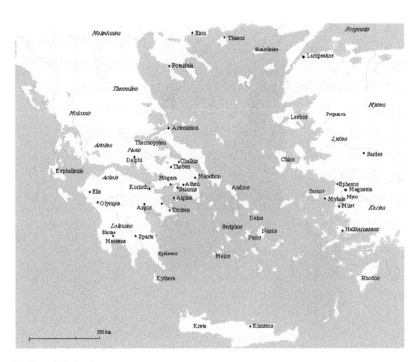

Hellas und Kleinasien

163

Büste des Themistokles, römische Marmorkopie nach einem griechischen Original um 470. Deutsches Archäologisches Institut. 66.2290; Foto: Koppermann

Ostraka: *Aristeides und Themistokles*, M. Camp. Agora, Athen

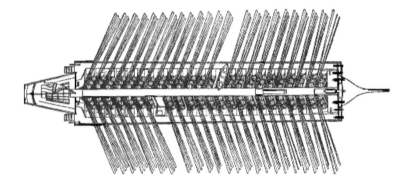

Triere, Draufblick, Skizze nach Morrison und Coates

Achilles verbindet den verwundeten Patroklos, Antikensammlung, Staatliche Museen zu Berlin.
Preussischer Kulturbesitz. F 2278; Foto: Ute Jung